U0926111

PPP完全运作指导用书

金融创新加速推进PPP

陈青松 周子琰◎著

企业管理出版社
ENTERPRISE MANAGEMENT PUBLISHING HOUSE

序

从实业到金融的越域

合作这样一本书，于我和陈青松先生都是一种越域。

我和青松的结缘也是从“越域”开始的，那时候我进入到一个新领域，就是“圈层”。实友会就是一个圈层。从2009年开始，当更多的人开始关注资源整合时，我们认为发现资源是整合资源的前提。创意、创造力是所有商业的起点，从发现到创意到创造，这才是商业的核心价值。我做圈层到现在已经有7年了，这期间，我一直在观察中国企业家的心理走向，以及他们在转型过程中遭遇的各种状况。在和不同企业家交流互动的过程中，我和这些企业家们不断地颠覆着自己——“行业不在行业之内，而在行业之外；商业不在商业之内，而在商业之外；世界不在世界之内，而在世界之外。”

在实友学堂，我们畅谈越域思维。那时，我的想法是用美学、用艺术来“救赎”商业。我觉得艺术源于生活又高于生活，创造是艺术的属性，表达思想是艺术的属性。应该说，商业必须和艺术融合在一起。

实友学堂是越域思维的一个实验性作品，我们将宋代美学和现代时尚生活做了一个跨越时空的结合。之所以一线企业家云集实友学堂，体验越域思维，是因为它把商业和艺术做了重构，东西方美学思想、表达形式的结合和变异令企业家们看到一种全新的、令他们震撼和惊叹的东西。这个时候，我忽然发现：仅仅有创造性思维还不够，要改变固有的世界还必须汇聚更多的能量。创造本身还需要资本的支持。越域本身不光是一种思维，它更多的是行为，而这种行为需要更多资源的支撑，需要一群人去践行。很幸运，我们很快聚集起了一些有共识的企业家，做了实友会的小圈层，叫做私董会。

实友会私董会的一个核心理念是“小圈层大奉献、虚组织办实事”。更多的资源开始因为这样一个理想而聚集，在金融领域有着强大实力的建久集团不期而至，并合作成立了越域投资公司。这样，实友会就从心灵之旅、发现之旅，变成了创造之旅、资本之旅、转型之旅和升级创新之旅。这样一来，越域就有了一个新的属性，就是资本属性、投资属性。

对于任何一个从事资本经营的人而言，PPP 的重要性都不言而喻。PPP 不仅意味着一个庞大的市场，更意味着一种趋势。这个时候，我和青松殊途同归，大家都把目光聚焦在 PPP 上。他从一个研究者的角度，我从一个实操者的角度，分别进行着自己的越域之旅。PPP 模式下有大量的 PPP 项目，需要政府、社会资本、金融机构的大力合作。而整合资源和协调不同主体间的关系，恰恰是私董会的强项或者说是特别之处。

我和青松合作的这本《金融创新加速推进 PPP》只是对 PPP 金融创新领域的一些探索。未来，我们还可以汇聚更多思想，更多能量，更多实践。我们需要多办些实事，为 PPP 创新探求出一条不一样的路。

《金融创新加速推进 PPP》不是一个总结，而是一个探索，一个开始。我们需要把越域思维和 PPP 金融创新变成实实在在的经典案例、实实在在的成功项目、实实在在的完美结果，我们要和感兴趣的企业家、社会资本以及政府机构一起来探求这个时代留给我们的课题。

越域是一种思想，也是一种方法，更是一种力量。让我们一起来越域，共创美好未来。

周子琰

2016 年 5 月 16 日

前言

推进金融创新，加速 PPP 落地

当前，国家重点推广 PPP 模式，PPP 进入热潮。

在我国经济进入新常态、新型城镇化深入开展、环保形势日益严峻、“十三五”规划正式出台的大背景下，具有万亿市场、集政府监管优势和社会资本技术与管理优势于一体的 PPP 模式，成为我国当前经济的新热点。

PPP 是英文 Public-Private-Partnership 的简称，即公私合作模式。PPP 正在我国公共产品和公共服务的供给方面掀起一场新变革。

2015 年全国两会，PPP 模式被提升到国家战略高度。

近年来，笔者一直在深入研究 PPP 模式对推动我国经济和社会发展的重要作用。不仅如此，笔者一直在一线实践操作 PPP 项目，在项目谈判、资本运作、核心技术、管理等方面有着丰富的理论和实践经验，并成功操作过多起 PPP 项目。

在实际操作 PPP 项目的过程中，笔者分别与地方政府、社会资本等多方主体进行了深度接触，因此，对 PPP 模式在我国大力推广的背景、面临的现实难题有着深刻的认识和体会。

目前，我国 PPP 项目落地情况并不尽如人意。现实复杂且尴尬，PPP 热潮与较低的签约率并存。

所谓“兵马未动，粮草先行”。在实践中，笔者研究发现，在 PPP 落地难的多方因素中，资金不足问题成为阻挡社会资本介入 PPP 项目的最大拦路虎之一。

PPP 项目大都是基建项目和社会公益类项目，工程规模大，投入资金多，动辄上亿元甚至上十亿元、几十亿元，有的项目规模更是高达百亿元。对一般社会资本而言，利用自有资金完成几十亿元或上百亿元的项目不太现实。相当多的社会资本对动辄数十亿元甚至上百亿元的 PPP 项目望而却步，而正是由于社会资本缺乏足够的资金，很多 PPP 项目遭遇搁浅。因此，通过金融创新撬动万亿社会资本成为当下我国推动 PPP 模式必须解决的问题。推进 PPP 模式发展、加快 PPP 项目落地，需要大力发展 PPP 金融，破解 PPP 项目融资难的问题，只有这样，才能增强社会资本积极参与 PPP 项目的动力。

本书就金融机构如何支持社会资本，以及通过金融创新打造绿色金融体制，从而推动 PPP 模式在我国的大力推广，并围绕银行业机制创新、多层次资本市场建设，各类基金撬动社会资本以及保险、信托、资产证券化等重要方面进行了深入的分析和研究。

同时，笔者用操作过的多起 PPP 项目案例，以及近年来在金融领域创新的 PPP 案例，阐释了金融创新与社会资本的密切关系。

PPP 模式在我国有着广阔的发展前景，本书既有关于 PPP 模式的宏观理论研究，也有具体的 PPP 项目的典型案例，很好地将具体案例融合到理论中，让读者有更深刻的理解。

本书可以供各级政府决策部门、各类社会资本、银行、证券、保险、基金、信托等各类金融机构、战略投资者和财务投资者等 PPP 模式主体以及研究、操作 PPP 项目的经济和金融学者、专业人士、企业高管等广大群体参考。

目 录

第一章

PPP 火热背后的资金之困

在改革的浪潮之下，PPP 俨然是一朵耀眼的浪花。

从 2013 年年底酝酿到 2015 年年初正式布局，从国务院到各地方政府均在发力推广 PPP。社会资本对 PPP 项目也是信心十足，激发出强劲的活力和投资欲望。

“兵马未动，粮草先行。”面对动辄数亿元甚至几十亿元、上百亿元规模的 PPP 项目，社会资本自身也面临着资金不足的尴尬。

本章导读

为何国家大力倡导 PPP 模式

PPP 落地面临多道坎

社会资本资金困难成拦路虎

社会资本的关注点：稳定收益

PPP 项目融资结构亟待完善

为何国家大力倡导PPP模式

PPP（英文Public–Private–Partnership的缩写），即政府和社会资本合作共同提供基础设施及公共服务。

资料显示，PPP模式的雏形最早起源于17世纪的英国，距今已有数百多年的历史。而PPP模式取得长足发展则是自20世纪90年代起，欧美、日本等地对PPP进行了成功探索和实践，在公共管理领域如交通运输、环境和卫生等领域产生了许多成功的案例，对所在国的经济和社会发展产生了巨大的推动作用。因此，PPP模式自诞生以来，受到了各国的青睐。

从20世纪90年代起，PPP模式就在中国开始发展，早期主要集中于高速公路、水务、城市轨道交通建设等。2000年后，又广泛运用于市政公用事业，如污水处理、地铁等行业。

自2014年下半年尤其是2015年以来，随着各项配套措施的密集出台，从国务院到各地方政府都在大力推广PPP，PPP迅速进入高潮，其推广呈现速度快、力度大、范围广的特点。PPP的应用领域也从之前的高速公路等基础设施领域迅速向水处理、垃圾处理、河道治理等市政建设领域拓展，现在已广泛覆盖到环保、城镇化建设、医疗、养老等多个领域。

2015年9月29日，财政部网站公布《关于公布第二批政府和社会资本合作示范项目的通知》，确定了206个项目作为第二批政府和社会资本合作（PPP）示范项目，总投资金额6589亿元。2015年年末，地方政府公布的PPP项目累计投资额高达3.4万亿元。

2015年是PPP真正意义上的首推元年，在多个地方政府工作报告中，均有对PPP的浓墨强调。业内人士预计，2016年，PPP将迎来密集签约。

PPP模式的大力推进，与来自中央的全局规划和顶层设计密切相关。

中共十八大提出“市场在资源配置中起决定性作用”后，国家部委一直在研究PPP的推广和落地，地方政府也开始用PPP模式引导建设项目，PPP

模式进入活跃期。党的十八届三中全会提出，允许社会资本通过特许经营等方式参与城市基础设施投资和运营，正式将 PPP 模式纳为重要改革事项。

据笔者统计，自 2013 年至今，国务院各部委出台 PPP 政策五十多个，特别是 2014 年底以来显著加速。不仅如此，各地方政府还出台了相关的符合地方经济发展特点的配套 PPP 政策，亦数以百计。

当前，我国大力倡导 PPP 模式，主要有以下几个目的：

一是稀释地方债务风险。媒体报道称，截至 2014 年底，全国各级政府负有偿还责任的债务已经超过 20 万亿元，短期债务违约风险十分巨大。

据审计署公报，地方政府偿还责任债务以市、县级为主，市级占 44.5%，县级占 36.4%；省级和乡级比重不高，分别占 16.3% 和 2.8%。从用途看，市政建设占 37.5%，土地收储占 16.7%，交通运输设施建设占 13.8%，保障性住房占 6.8%，教科文卫占 4.8%，农林水利建设占 4.0%，生态建设和环境保护占 3.2%，工业和能源占 1.2%，其他占 12%，前三类较为集中，合计占 68%。

2014 年 10 月 2 日，国务院发布《国务院关于加强地方政府性债务管理的意见》（简称 43 号文），明确指出首要目标为治理政府性债务。43 号文对地方债务开启了严监管模式，使地方政府融资能力大幅受限。

43 号文约束举债，地方政府急需借力社会资本投资建设，而 PPP 模式的优势在于能缓解地方债务压力，降低系统性风险，有充足的时间消化存量债务。PPP 可以把地方准备上马的项目支付进行展期，再配合地方债务置换，地方政府的短期债务风险可以得到很大的释放。PPP 模式剥离了政府信用，将隐形政府信用转化为企业信用或项目信用，有利于降低融资成本、拉长融资期限。未来几年，政府债务主要任务是替换到期债务，因此，地方投资方面还得依靠 PPP 模式吸引社会资本投资。

可以说，从中央到地方不遗余力地推广 PPP，用 PPP 模式化解地方政府债务是一条有效途径，在我国发展潜力无限。

二是土地财政困难。当前我国经济增速逐步放缓，财政收入增长亦随之减速：从 2011 年的同比增长 24.8% 下滑至 2014 年的 8.6%。

随着经济放缓，企业利润下降，尤其是一些此前依靠矿山、房地产拉动经济增长的地方，财政压力进一步加大。笔者在实践中发现，多地政府称对高额债务感到压力巨大。为此，创新公共服务投入机制，推广 PPP 模式势在必行。

三是发挥社会资本的管理和技术优势。PPP 模式有利于社会资本发挥先进技术和管理经验。主要表现在：PPP 模式使有意向参与项目建设的社会资本与地方政府在项目的论证阶段共同商讨项目建设过程中所采用的技术方案，从而可以采用较新科学技术。社会资本管理灵活高效，既可以缩短项目建设周期、节约成本，还可以发挥自身的管理经验，提高运营水平。

具体来说，PPP 模式可以使社会资本尽早介入项目，尽早参与项目的识别、可行性研究，保证了项目在技术和经济上的可行性，缩短前期工作周期，使项目费用降低。

研究表明，与传统的融资模式相比，在建设工期按时完成的情况下，PPP 项目平均为政府部门节约 17% 的费用。总之，PPP 模式有利于提高 PPP 项目效率和降低工程造价。

四是当下中国经济正承受着转型的阵痛和巨大的压力。中国正进入经济发展新常态，正在进行经济结构的调整和转型，经济发展面临巨大的压力。

多年来我国都是由地方政府主导持续的基础设施投资。不过，随着这种超常规增长的局面趋于结束，财政收支矛盾开始明显加剧。在此背景下，要想维持中国经济继续快速发展，就必须大力发展 PPP，为国内基础设施投资和公用事业投资寻求新的资金来源。

以环保行业为例。“十三五”规划重点发展环保事业，将对接 PPP 模式，吸纳更多的社会资本，一起投身于环保事业。据测算，需要投入十几万亿元或者 20 万亿元才能基本解决“十三五”的环保任务。没有 PPP 模式，没有金融，没有社会资本进入环境保护领域，要想完成“十三五”环境保护的任务非常困难。

2016 年 2 月 14 日，国家发改委发布消息称，2015 年，全国基础设施投资增长 17.2%，对整体投资增长的贡献率为 29.4%，同比提高 6 个百分点；2016 年，国家发改委将坚持促投资、稳增长政策，充分发挥投资在经济增长中的关键作用。

五是有利于转换政府职能，减轻财政负担。在我国经济增长放缓的大背景下，政府从过去的基础设施公共服务的提供者变成监管者。在减轻政府财政负担的同时，应加快转变政府职能，实现政企分开，减少政府对微观事务的直接参与。而 PPP 模式有助于解决政府职能错位、越位和缺位的问题，推进国家治理体系和治理能力现代化。

总之，政府和社会资本共同参与公共基础设施的建设和运营，合作双方形成互利互惠的长期共赢目标，能够更好地为社会和公众提供服务。

笔者认为，当前，我国在基础设施领域和公共服务领域有着巨大的需求，未来将增加公共产品和公共服务供给，PPP 模式也将在交通运输、水利、环境保护、农业、林业、医疗、卫生、养老、教育、文化等公共服务领域都有着广阔的发展空间。

PPP 落地面临多道坎

PPP 模式的优点显而易见：第一，解决部分公共项目资金不足的问题；第二，缓解地方政府性债务问题；第三，形成经济新增长点；第四，激发市场主体的活力和创造力，利用社会资本方的资金、技术和管理经验，提升公共服务的供给质量和效率；第五，促进国家治理体系和治理能力的现代化。

经过不断的实践和探索，PPP 模式在我国的推广速度很快。不过，在推广的过程中，仍然面临诸多难题。

财政部相关负责人表示，从各地反馈的情况看，推广 PPP 面临六大困难：

一是观念认识转变难。部分地方政府的认识不够全面，把思想局限在缓解债务压力上，将推广 PPP 当做又一次“甩包袱”，没有放到营造良好的政策环境上，把注意力转向加强监管上。面对这一创新理念，部分地方政府甚至在推广 PPP 中存在畏难情绪。

二是规范推广运用难。在当前财政收支矛盾较为突出的情况下，一些地方政府将 PPP 简单等同于新的融资渠道，通过保底承诺、回购安排、明股实债等方式进行变相融资，将部分项目包装成 PPP 模式。

三是社会资本寻求难。社会资本特别是民营企业，参与 PPP 项目的积极性不高，主要是个别地方政府契约意识的薄弱影响了社会资本的积极性，同时，地铁、轨道交通等部分领域市场化程度不高，有实力、具备对外投资运营实力的社会资本十分有限。

四是工作协调推进难。相关部门在项目立项、规划等方面形成了固化的行业运作思路和习惯，PPP 作为一项体制机制创新，实施时难度和阻力很大。

五是操作实施过程难。地方政府和项目实施机构既缺乏真正熟悉政策和业务的人员，又缺乏 PPP 项目运作经验，操作能力相对不足，在项目谈判的过程中，甚至难以与社会资本（特别是境外资本）“在一个平台上对话”。

六是融资渠道通畅难。目前，PPP 项目融资主要依靠银行贷款，银行对项目资本金比例要求较高并需提供担保，难以实现无追索或有追索的项目融资，融资成本较高。

事实上，笔者在实践中发现 PPP 在推广过程中的确存在很多的困难和障碍，比如在思想认识上，部分地方政府确实存在仅仅将 PPP 模式当作是缓解债务压力、“甩包袱”的手段，认为 PPP 模式只不过是将地方政府的“长债”变“短债”。而在资金运作上，作为 PPP 模式重要参与方的社会资本面临着资金不足、融资渠道不畅等方方面面的问题。

此外，笔者发现，当下 PPP 模式在推广中存在的多种风险也阻碍了 PPP 项目的落地。

研究发现，PPP 模式在推广过程中主要存在如下风险：

第一，政府公信力。政府公信力是社会资本方的首要关注点，也是目前制约我国 PPP 模式发展的首要因素。签订好的协议能否得到严格遵守、政府承诺能否得到及时兑现是社会资本参与 PPP 项目的主要顾虑。在此前我国失败的 PPP 项目案例中，很多是由于政府违背承诺而导致的。

第二，政府支付能力。部分地方政府把 PPP 当成另一种融资模式，较少考虑项目的可行性和可持续性，因此，难以保障在今后长期合作中有持续的支付能力。

第三，法律政策变更。这里主要是指由于颁布、修订、重新诠释法律或规定而导致 PPP 项目的合法性、运营、投资回报等重要因素发生重大变化，直接导致项目不能正常建设或运营，甚至直接导致项目的中止和失败，为 PPP 项目本身和社会投资者的回报带来巨大的损失。

第四，融资风险。一般情况下，PPP 项目都是基建项目和社会公益类项目，工程量大，投入资金多，动辄上亿元甚至上十亿元、几十亿元，大的项目更是高达百亿元。对一般社会资本来说，要利用自有资金完成几十亿元或上百亿元的项目不太现实，需要向银行等金融机构融资。

按照 PPP 项目的一般操作程序，先是政府进行招标，社会资本进行投标。然后是政府（或代表政府的单位）与中标者先草签特许权协议，中标者需要凭草签的特许权协议在规定的融资期限内完成融资，特许权协议才可正式生效。而如果在融资期内中标者未能完成融资，中标者将会被取消资格并没收投标保证金。

第五，市场收益不足。主要是指项目运营后的收益不能满足收回投资或达到预定的收益。特许经营协议中特许经营权的具体内容包括授予特许经营权的范围、期限；项目运作模式；投资、建设、运营的资产范围。

如果项目的投资建设与项目的收益能力不匹配，将会导致项目公司无法实现投资收益。

第六，公众反对。这里主要是指由于各种原因导致公众利益得不到保护或受损，从而引起公众反对项目建设所造成的风险。

公众会反对 PPP 项目主要有几个方面的原因：一是涉及到拆迁、征地，各方对补偿款有争议。二是涉及到环境污染，比如某地要建垃圾焚烧发电站、污水处理厂，一般都会受到当地公众的反对。

面对公众的诉求，仅凭社会资本的力量很难解决。

第七，不可抗力。不可抗力是指不能预见、不能避免并不能克服的客观情况。不可抗力是当事人不可抗拒的外来力量，是不受当事人意志左右、支配的自然现象和社会现象。

不可抗力在我国《合同法》中有明确规定。《合同法》第一百一十七条规定，因不可抗力不能履行合同的，根据不可抗力的影响，部分或者全部免除责任，但法律另有规定的除外。当事人迟延履行后发生不可抗力的，不能免除责任。

在实践中，PPP 项目合作有许多因不可抗力因素而导致合作失败的案例。

社会资本首先要保证自身的资金安全，其次才是追求回报的最大化。因此，PPP 项目的风险程度如何，社会资本能够在多大程度上把控风险，是其有多大意愿参与 PPP 项目的关键。

社会资本资金困难成拦路虎

2015 年 5 月 25 日，国家发改委公开发布 1043 个 PPP 项目，总投资额近两万亿元。社会资本投资 PPP 项目的浪潮扑面而来。

地方政府债务压力大，社会资本怀抱巨资，双方合作可以说是双赢之举。然而，研究显示，目前全国各地公布的 PPP 项目，大概只有 10%~20% 左右签订了合同。也就是说，在 PPP 模式一片火热的背景下，PPP 项目的落地情况并不尽如人意。

2015 年 8 月 25 日全国工商联发布的报告显示，2014 年，已通过 PPP 等方式进入公共服务及基础设施建设与运营领域的民营企业 500 强共有 58 家，占比 11.6%，有意向进入的企业有 136 家，占比 27.2%。

民营企业对 PPP 兴趣不大，特别是民间资本参与的热情和程度还不太尽如人意。

据透露，2014 年国家提出的超过 1.6 万亿元的 80 个 PPP 项目单中，还有 80% 待落实。民生证券研究报告称真正签约的约为 2100 亿元，仅占总额的八分之一。

为什么政府推介的 PPP 项目签约率不到 20%？业内普遍认为：一是 PPP 项目对社会资本没有吸引力或者说吸引力不够；二是许多 PPP 项目风险

太大；三是 PPP 项目没有按照规定通过物有所值评估或通过财政承受能力论证，等等。

清华大学建设管理系教授王守清认为，PPP 项目落地难主要有四方面的原因。一是很多地方列出的项目没有经过科学论证，是否有必要建，是否适合用 PPP 方式做，这些基础性的问题还没搞清楚。二是 PPP 项目周期长，政府和社会资本可能需要签订 10 年、20 年、30 年的合同，前期准备过程要花时间。三是地方政府信用透支、企业融资难，并且 PPP 项目肯定不是暴利的，所以，企业不会一下扑上来。四是 PPP 项目对企业、政府提出了综合性的要求，要有施工、财务、运营、法律等多方面的知识储备。

笔者认为，PPP 项目落地难有一个非常重要的原因，便是社会资本本身面临资金难的问题。此外，社会资本融资成本往往太高，这样社会资本不合算甚至根本无法融到资金。

特许经营期长达 10 年至 30 年。正如专业人士所言，PPP 就像一场足球赛，上半场通过科学规范、充分竞争的方式选择一个最有能力的资本项目人，下半场最关键的要解决融资的问题。

某生活垃圾焚烧发电项目负责人称，在项目招标时，社会资本看似很踊跃，但很多企业存在技术不成熟、资金实力不够雄厚等问题。作为政府，在选择社会资本时要慎重，尤其要考虑企业的资金实力和融资能力，否则后期资金跟不上就会很麻烦。

据了解，目前 PPP 项目中社会资本主要的融资方式仍是以向银行贷款为主，而通过银行贷款等传统融资方式难以融到足够长期限的资金，这与 PPP 本身的长期限是一对固有的矛盾。因此，社会资本只有通过信托、资管等绕一绕，这就无形之中增加了资金成本。

调查发现，社会资本除非申请到政策性资金来源，否则，一般综合融资成本都在 8% 上下，而 PPP 项目“非暴利”的特点导致其回报率最高不过 9%~10%，如果达到 9%~10%，政府就已经面临很大的压力了。

由此可见，如果社会资本融资成本大于 8% 甚至达到 9%~10%，在不考虑上述诸多风险的情况下，社会资本的盈利水平也极低，甚至没有盈利，社会资本因此失去参与 PPP 项目的动力。

笔者曾操作过一个 PPP 项目，投资规模 10 亿元，回报率为 9%，资金缺口向银行贷款，担保公司担保，最后融资成本达 8%。也就是说，社会资本投资年回报率只有 1% 左右，最终项目陷入长期的协商中。

研究发现，以银行贷款为主要融资方式难以满足投资大、经营期长且收益不高的 PPP 项目的资金需求。

首先，PPP 项目投资大。

据有关数据显示，在财政部第二批示范项目中，PPP 项目投资额在 1 亿 ~10 亿元之间的项目有 101 个，占公布的示范项目总数的 49%；PPP 项目投资额在 10 亿 ~50 亿元之间的项目有 63 个，占公布的示范项目总数的 31.1%；投资额在 50 亿 ~100 亿元之间的项目有 16 个，占公布的示范项目总数的 7.8%，投资额在 100 亿元以上的项目有 15 个，占公布的示范项目总数的 7.2%。只有 10 个 PPP 项目投资额在 1 亿元以下。

其次，PPP 项目经营期限长。财政部《关于进一步做好政府和社会资本合作项目示范工作的通知》（财金 [2015]57 号）规定，政府和社会资本合作期限原则上不低于 10 年。

财政部《政府和社会资本合作模式操作指南》指出，运用 BOT、TOT、ROT 模式的政府和社会资本合作项目的合同期限一般为 20~30 年。

国家发改委等发布的《基础设施和公用事业特许经营管理办法》第一章第六条规定，“基础设施和公用事业特许经营期限应当根据行业特点、所提供公共产品或服务需求、项目生命周期、投资回收期等综合因素确定，最长不超过 30 年。”

可以说，正是因为 PPP 项目投资大、期限长、收益不高和项目投资后的流动性不足，影响社会资本进入的积极性。

最后，PPP 项目未来运营收入不确定。由 PPP 项目未来的运营收入不确定而导致社会资本运营资金困难也是社会资本对 PPP 项目望而却步的重要原因。如项目回款不靠谱，部分地方政府付费的 PPP 项目，政府没有可以确信的付费能力，而使用者付费的，回款不确定性大。

以环保行业为例，2015 年 10 月，全国工商联环境商会完成了《关于环境基础设施项目违约情况的调研》报告，显示环保 PPP 项目在建设运营过程中主要存在六大问题，第一个问题便是应收账款延期或不足额支付。

具体而言，污水垃圾等市政项目，委托方基本为各地政府公务事业局、水务局、市容市政局等相关政府部门，而地方政府的支付意愿不高已成常态，按月足额支付环境服务费用的政府部门基本较少。

调查发现，由于企业在谈判中相对处于弱势，即使地方政府存在环境服务费用补偿不到位、拖欠，即按照合同约定的支付时间（月付或季付）出现未履约的情况，企业也会以自有资金或自筹流动资金先行垫付相关运营成本，实质上以增加企业自身财务成本的方式化解矛盾。

环境服务业商会指出，目前，污水垃圾处理的中小型企业应收账款已普遍增加到营业收入的50%以上。多数企业认为，对于市政公用项目提供的公共环境服务，地方政府应加强服务费用的支付保障，将其归于年度地方财政预算列支管理，保证及时足额支付。

风险分配不合理也是导致社会资本对PPP项目望而却步的重要原因。有的PPP项目将几乎所有风险都分配给了社会资本。

上述《关于环境基础设施项目违约情况的调研》报告指出，环保PPP项目存在的第二个问题是边界模糊责任界定。环保企业在承接项目前都对特许经营权条款和技术方案进行反复论证，对可能发生的问题做了明确的界定。但是，对于某些不适宜在合同中规定的情况，还会出现争议。例如，垃圾焚烧项目已与地方政府签订了框架协议，企业已开工建设，在建设过程或完工后，即使项目通过环评并符合国家和地方的各项环保要求，由于周边居民的反对也只能停工或无法运营。近年来这方面的例子并不在少数。

国务院发展研究中心对外经济研究部研究室副主任赵福军认为：目前，PPP项目融资重银行贷款，轻其他金融工具；重PPP项目的前期建设和实物资本投资，轻后期的运营和虚拟资本。以银行贷款为主要融资方式难以满足投资大、经营期长且收益不高的PPP项目的资金需求。PPP项目运营和投资形成的资本运营不足导致资本的流动性不足，影响社会资本进入的积极性。今后要加快推进PPP项目落地，不仅需要PPP项目满足社会资本参与的理性条件，还需要提高投入资本的流动性和解决PPP项目融资问题。推进PPP模式发展，应将PPP项目投资所形成的收益或现金流（比如收费权、

PPP 项目每年产生的经营性收入）变成可投资的工具，形成可以上市交易的证券化产品。只有增强投入 PPP 项目资本的流动性,社会资本才会积极进入。

赵福军还认为，运用 PPP 模式提供公共服务，原来的投融资模式难以适应，需要建立与之相适应的 PPP 金融。

社会资本的关注点：稳定收益

近年来，国家大力推动 PPP 模式，PPP 模式被提升到转变政府职能、提升国家治理能力的高度。PPP 模式在我国要得到长远稳定的发展，一个重要前提就是社会资本的积极参与。然而从目前来看，PPP 项目在我国落地的情况并不尽如人意。

总结一些 PPP 项目失败的案例，分析当前我国 PPP 实践中制约社会资本方积极性的核心因素。其中，稳定收益无疑是社会资本极为关注的重点。

在 PPP 模式中，影响社会资本收益水平的主要因素有哪些?

研究显示，影响社会资本方收益水平的主要因素有三个方面:第一个是定价机制;第二个是价格调整机制;第三个是预期外因素导致实际收益发生变化。

首先，在定价机制方面，应提供合理的收益水平。基础设施与公共产品或服务的定价，公众和社会资本是一对矛盾:公众期望获得质优价廉的公共产品或服务，而社会资本投资者则期望获得更多的利润。因此，在 PPP 实际运作中，极易出现地方政府忽视社会资本的利益的情况，这样社会资本自然对 PPP 项目敬而远之。还有就是地方政府为了吸引资金，给予社会资本过高承诺。无论哪种情况，都不利于 PPP 模式的长远发展。作为 PPP 项目的设计方,政府就要设计合理的定价机制,以平衡社会公众和投资者的利益,防止出现两种极端的情况。

其次，在价格调整机制方面，应降低市场因素对收益的影响。PPP 项目经营周期往往长达十几年甚至二三十年，期间通货膨胀率、利率、汇率等诸多因素时时都在变，因此，公共产品或服务的价格也必须做出相应的调整，以降低社会资本的风险。

再次，在实际收益的非预期变化方面，降低预期外因素对收益的影响。如上所述，PPP 项目的投资金额往往巨大，同时其回收周期也很漫长。在 PPP 项目合同期限内，如果发生法律法规的变更、政策的变化，极易造成社会资本的收益难以覆盖成本，投资项目很可能直接遭遇暂停甚至终止。因此，要消除社会投资方的后顾之忧、解除社会投资方参与 PPP 的瓶颈，需要设计合理的利益平衡机制和合理的投资回报模式来给予社会投资方稳定的收益。

笔者认为，为吸引社会资本积极参与 PPP 项目，政府要从根本上转变观念，树立与社会资本平等合作的商业意识和契约精神，给予社会资本足够的话语权，创新多样化的回报方式，以激励社会资本的积极性。

第一，在项目决策阶段，增补开发权利。政府可以给予社会资本以优先开发土地的权利，例如商业的开发、停车场的开发等。下面是笔者实践过的一例水处理加土地开发的项目。

S 市有四条河，贯穿核心城区，与整个城市生息相连。为提升 S 市区的品质与价值，增强居民的幸福指数，S 市政府准备对现有的环境处理设施及四条河进行提标改造，最终实现 S 市与投资企业的共赢。

S 市政府的初步思路为：打通城市生态水系，以污水就地处理方式补充河道，降低水源成本及运行成本；维持水系生态平衡，完善河道硬件水利设施；构建全水系环境及水利监测，打造环境智慧城市；挖掘水系沿岸商业价值，依河道建立开放式休闲公园，大力提升周边土地及商业价值。

项目的具体内容与实施为社会资本投资 S 市的水务项目，包括自来水、污水、污泥处理、河道治理的综合水环境服务。投资合计 20 亿元。S 市以项目收益以及等值土地（约 500 亩）进行回报，具体来说，由社会资本对 500 亩土地进行开发后受益。

第二，扩充盈利来源。政府可将纯公共项目与营利性项目联合打包，保证社会资本有对盈利项目的运营能力，用营利性项目的收益现金流弥补纯公共项目的投入。下面是笔者操作的一起 L 县供水、污水处理和水库发电联合打包的 PPP 项目的概述。

一、水系列项目

1. 供水项目

（1）建设规模及建设内容：该供水工程水厂设计规模为 6 万立方米 / 天，配水管网按照远期（2030 年）规划计算管径，按近期（2015 年）供水范围铺设配水管道；建设内容包括取水工程、输水管网及配水管网等。

（2）工程投资：项目总投资 6000 万元。

（3）工程现状：现已完成招投标。

（4）合作方式：由 H 环保公司与 L 县政府以 TOT 模式合作。

2. 污水处理项目

（1）总建设规模：L 县第一污水处理厂工程建设规模为 2 万立方米 / 天，保底水量为 2 万立方米 / 天，于 2009 年已建成运营；L 县第二污水处理厂工程建设规模为 6 万立方米 / 天。

（2）工程投资：项目总投资约两亿元。

（3）合作方式：由 H 环保公司与 L 县政府以 TOT 模式合作。

3. 中水处理项目

（1）建设规模及建设内容：利用 L 县污水处理厂处理后的中水，共铺设管道 36 公里，其中 DN400 混凝土管道 15 公里、KN800 混凝土管道 21 公里。

（2）工程投资：项目总投资 1.2 亿元，工程建设期 2 年。

（3）合作方式：由 H 环保公司与 L 县政府以 BOT 模式合作。

二、水库系列项目

1. 水库项目

（1）建设规模：L 县水库坝址以上流域面积为 1478 平方公里，总库容为 2200 万立方米，有效库容为 2100 立方米，属中型水库。电站布置在拦河坝下游河床左侧，装机容量为 1000 千瓦，装有两台单机容量为 500 千瓦的机组，水电站年平均发电量为 265.88 万千瓦时，通过电站尾水每年可向下游供水

3600 万立方米。

（2）建设内容：拟建水库枢纽由大坝、溢洪道、电站厂房、放水设施、升压站、管理房、上坝道路、供水管道等建筑物组成。

（3）工程投资：项目总投资 12 亿元，分 4 年实施。

（4）合作方式：由 H 环保公司与 L 县政府以 BOT 模式合作。

2. 水库发电项目

（1）项目名称：L 县水电站。

（2）建设规模：L 县水电站总装机容量 26830 千瓦，年均发电 6983.66 万千瓦时。

（3）建设内容：拟建水电站主要由拦河坝、输水隧道、电站厂房、尾水渠、升压站、管理房、供水管道等建筑物组成。

（4）工程投资：项目总投资 4.1 亿元。

（5）合作方式：由 H 环保公司与 L 县政府以 BOT 模式合作。

第三，争取财政补贴等政府支持。政府支持可以包括多种，包括资金支持、土地支持、政策支持等，如可行性缺口补贴、前期费用补贴、资本补助等财政补贴、政府配置土地、给予税收优惠等。

政府补贴的目标，一是维持 PPP 项目的公益性，通过政府补贴为 PPP 项目加油，力求实现 PPP 项目社会效益最大化。二是提高社会资本的积极性，政府补贴一方面降低了社会资本所承担的风险，另一方面解决了项目中可能存在的收益不足问题，对社会资本产生极大的激励作用，从而推动 PPP 项目的落地。

PPP 项目融资结构亟待完善

PPP 是政府部门和社会资本共同签订长期合作协议，依照风险分担、利益共享的原则，共同开发公共基础设施项目，以此降低政府部门公共基础设施投资压力和提高项目运作效率，同时也为社会资本提供了新的发展机遇。

在诸多政策的强力刺激下，地方政府积极推进PPP模式，一大批PPP示范项目或PPP模式项目也相继问世。如2015年3月份，北京市推出了136个PPP示范项目，引资2600多亿元，涉及生态环保、交通设施等7个领域；江西发布2015年首批80个PPP推介项目，总投资1065亿元，包括基础设施、公共服务、生态环保三大类；河南郑州首批32个PPP项目，总投资超千亿元；贵州推出首批百余个PPP项目，总投资超1600亿元；辽宁沈阳推出首批53个PPP项目，总投资1300多亿元；甘肃省推出300个PPP项目，总投资1394亿元；宁夏发布114个PPP项目，其中环保项目28个；天津推出首批57个PPP项目，总投资2372亿元，等等。

一时间，PPP项目遍地开花。

研究显示，PPP项目运作涉及项目筛选和评估、招投标、建设、运营等阶段，而在PPP项目实施过程中可能面临工程设计风险、项目建设风险、运营风险、融资风险等风险，其中融资风险是社会资本重点关注的风险点之一。

一般情况下，PPP项目强调风险承担最优化，即政府和社会资本根据自己的优势承担不同的风险，以达到风险的最优化配置。

事实上，PPP项目需有科学的风险分配机制，以下通过表格（见表1-1）说明PPP项目的风险分配。

实践中，作为各类风险的重要一环即融资风险，一般都是由社会资本承担，原因在于社会资本资金充足、渠道广。

然而，与一般项目融资相比，由于PPP项目本身规模大、投入大、技术要求高、建设周期长以及服务产品公共性等特征，使得PPP融资更为复杂，社会资本难以进入或进入后难以持续，存在资金可获得性风险、再融资风险、利率风险、汇率风险等诸多资金风险。

此外，融资成本高也是社会资本对PPP项目望而却步的重要因素。

融资成本直接关系到项目的建设、运营，如果处理不当会直接影响项目的成败。

表 1–1　PPP 项目的风险分配

风险因素		政府	社会资本	共同分担
设计建设			▲	
融资			▲	
运营维护			▲	
市场需求				▲
不可抗力				▲
移交			▲	
法律变更	政府可控的	▲		▲
	政府不可控的			▲
系统性金融风险				▲

现实情况是 PPP 项目融资非常依赖银行渠道，这不利于社会资本降低融资成本。随着银行监管力度的提升，银行资金成本也逐渐上升，这会进一步传导到 PPP 融资成本上，对社会资本而言并不是利好消息。

笔者在实践操作中发现，一般我国的 PPP 项目的投资回报率为每年 8%~10%，从投资的角度，在政府和社会资本完全履约的前提下，这样的投资回报率能够保证社会资本大约在十年左右收回投资。从另一个角度看，PPP 项目特许经营期一般为 20 年至 30 年。也就是说，在投资 PPP 项目 10 年后，社会资本才开始享受收益，收益期大约为 10~20 年。

从表面上，PPP 项目 10~20 年的收益期的确诱人。事实却并非如此。社会资本在经过层层竞争并与政府签订 PPP 协议后，还有一个极为重要的使命，即融资。

通常情况下，鉴于 PPP 项目规模大，社会资本自身实力有限，也需要找银行、基金、信托等金融机构贷款，这样才能完成投资 PPP 项目，PPP 项目也才能真正落地。然而，现实情况却是商业银行中长期贷款一般为 5 年，很少有贷款期限长达 30 年的。这就需要社会资本以其他方式高息融资，这无疑大大增加了社会资本的融资成本，反过来就大大降低了自身的投资收益。而即使商业银行提供长期贷款，利率也让社会资本忘而却步。

不仅如此，出于自身风险因素考虑，银行还需要社会资本对贷款进行抵押、担保。综合测算下来，加上银行利息、担保费用以及财产抵押，社会资本每年收益不过 1%~2%。如果投资回报率低于每年 8%，则需要更长时间才能收回投资。因此，有效解决 PPP 项目融资难题既是吸引社会资本参与公共基础设施的重要保障，也是保障 PPP 项目有效顺利完成的重要基础。

对于解决 PPP 项目融资难的问题，目前，权威的观点认为，当下亟待完善 PPP 项目融资结构问题。

研究显示，PPP 融资结构问题涉及两个层面，一是项目公司资本结构问题，二是股权、债权结构问题。

其一，项目公司资本结构主要是指项目公司初始股东构成，主要是承包商、建筑商、运营商及专业投资机构等。严格来说，不同的 PPP 项目需要有合理的项目参与方参股并占据控股地位，这样才有助于基建项目的事务协调和整体推进。如以 PPP 模式修建一条高速公路，则应由有建筑资质、经验丰富的建筑企业在 PPP 项目公司中占据控股地位。同时，作为政府方，最好入股项目公司，这样做的目的是有利于加强政府与社会资本的合作，进一步协调公共部门和社会资本之间的利益关系，实现双方共赢。

其二，股权、债权融资结构主要是指项目公司的杠杆水平。专家指出，一般而言，股权资金成本较高，债权资金成本相对较低。为了获取更大收益，PPP 项目融资都会放大杠杆，尤其是对于铁路、机场等投入资金规模大、建设周期长的公共基础设施项目，这种优势会更加明显。

在股权融资方面，鉴于 PPP 项目的特点，当项目处于建设期时，社会资本难通过股权融资。而当 PPP 项目建成后进入运营期，随着投资风险的逐步降低，相对会获得保险、养老等资金的股权投资。

在债权融资方面，PPP 项目债权融资一般包括银行贷款、非银行金融机构贷款、国际组织贷款、债券、资产证券化、中间级债务等。

笔者分析认为，作为 PPP 项目，其融资结构需要通盘考虑、整体衡量：既要考虑最优的资本结构，避免过度依赖资本金造成成本过大（事实上，一般的社会资本根本不可能完全利用自有资金完成数以亿计的 PPP 项目投资），也避免过于高杠杆运营，造成过大债务压力，给自身带来大的经营风险。

第二章
银行积极布局 PPP

研究发现，PPP 项目最常见的融资模式就是银行贷款，其中有单个银行贷款和银团贷款等形式。

近两年来，国内多地银行参与 PPP 项目，不管是高铁项目、水利项目、区域整治等均成为项目的热点，PPP 项目相继落地。银行在认识 PPP 模式下自身风险的同时，更是看到该模式下蕴藏的巨大业务空间，并提前布局，积极介入。

本章导读

一份贷款意见书引发的争议

政策“松绑”激发社会资本

国内多家银行中标 PPP 项目

银行拓展 PPP 模式范例

特许经营权的收益权可质押的示范意义

银行参与 PPP 项目的模式选择

一份贷款意见书引发的争议

在我国经济面临下行压力、地方财政收入增速下行的大背景下，财政部和发改委两部门大力推进 PPP 工作，有助于激活民间投资活力，发挥投资拉动经济增长的关键作用。

当前产能过剩，房地产市场处于调整期，加大基础设施领域投资是推动我国经济增长的重要力量。换句话说，房地产和土地财政的不可持续性使得维持经济增长的任务落到了基础设施建设等投资的身上，国家大力推广 PPP 模式，证明了 PPP 市场的发展对维持短期内基建投资的重要作用。

PPP 项目整体呈现投资大、期限长、回报率不高等特点，为缓解自身资金的不足，目前社会资本的融资方式主要以向银行贷款为主。

虽然如此，社会资本从银行贷款仍然面临方方面面的困难。出于风险因素考虑，银行贷款融资方式往往需要担保或者抵质押，融资渠道相对狭窄。

2015 年 6 月，媒体曝出的一则新闻《银行怎么看 PPP 项目：需满足 20 多项条件才给贷款》，无疑是目前 PPP 项目中社会资本借助银行贷款遇到的困难最真实的写照。

公开报道称，一份国有商业银行的贷款审批意见书显示，针对 PPP 的不同模式，比如 BOT、TOT 等，银行有不同的贷款要求。一个 PPP 项目想要顺利获得银行贷款，需要满足包括所处区域、还款来源、资产负债率、实收资本以及现金流等在内的二十多项条件。

在办理 PPP 项目融资贷款时，首先根据项目所处区域不同安排不同级别的办理方式。比如项目位于直辖市、省会城市、计划单列市的，可直接办理；项目位于地级市的则有两种情况。对于还款来源是政府支付为主的，要综合考虑地方财政收入、GDP、地方政府负债率等因素，地方财政一般预算内收入须在 15 亿元（含）以上，且 GDP 在 200 亿元（含）以上。

对于还款来源是使用者付费为主的，除上述条件外，还追加了地方社会商品零售总额需在 80 亿元（含）以上。而对于项目位于县域地区的，地区条件则需要满足地方财政一般预算内收入 10 亿元（含）以上，且 GDP 在 100 亿元（含）以上。

银行对于 PPP 项目公司，即贷款主体的条件更严格，比如要求项目公司为在该银行信用评级 10 级（A）及以上的大中型企业客户，资产负债率不高于 75%，实收资本在 3000 万元及以上。其他条件则包括：借款人的经营期限或存续期限应长于贷款期限，在该银行开立基本结算账户或一般存款账户等。

对于项目本身，银行的基本要求是符合政府法规的要求。要求符合财政部、发改委等相关政府部门的相关制度规定，符合国家产业、土地、环保等政策，符合土地利用总体规划、城乡规划、土地利用年度计划等规定。按规定履行了项目的合法管理程序，并取得相应的批准（审批、核准、备案）文件。

此外，银行对项目收益的条件有严格规定。如城市基础设施和公共服务项目需要经营性现金流稳定，项目使用者付费及政府付费获得的收入要能全额覆盖贷款本息。而且，涉及使用付费者为公众，如果项目未通过价格听证机制，应追加有效抵押担保方式；若项目在完工后无法通过价格听证的，应立即停止放款，同时要求客户立即偿还贷款本息和有关费用。

笔者认为，上述贷款意见书中对政府 GDP 规模、项目公司资产负债率、经营性现金流、项目使用者付费及政府付费获得的收入覆盖贷款本息以及价格听证机制等关键性的要求，对 PPP 项目中的社会资本来说无疑是巨大的挑战。

以现金流为例。在目前的 PPP 项目中，除自来水、污水处理等有稳定的现金流外，其他行业现金流并不明显。如同样是水处理行业的河道治理，则完全由地方财政支出，无法产生稳定的现金流。

而所谓的“价格听证”，因为涉及到的因素太多，具有很大的不确定性。“如果项目未通过价格听证机制，应追加有效抵押担保方式；若项目在完工后无法通过价格听证的，应立即停止放款，同时要求客户立即偿还贷款本息和有关费用。”这样的条件极有可能会让社会资本未来陷入进退两难的地步：一旦银行停止贷款，前期的巨额投入很有可能打水漂。而要求银行继续放款，“价格听证机制”成为一道绕不过去的坎。因此，社会资本会增添许多顾虑，大大影响投资 PPP 项目的热情。

上述银行对 PPP 项目贷款过于苛刻的条件，实际上代表的是银行对 PPP 项目融资的观望态度，也反映了银行高度的风险意识：一是 PPP 项目的融资一般都是基于项目载体，而大部分项目载体属在建项目，其固定资产既不是很充分，也无法抵押，达不到商业银行的抵押要求。。二是项目公司存在较大的风险，因此，股东一般不会提供全额担保。而作为 PPP 项目中的政府一方，在其土地财政困难的情况下，一般也很难或不愿提供全额担保。

国务院发展研究中心对外经济研究部研究室副主任赵福军认为，近年来，我国积极推进 PPP 实践，取得了一定的成绩，但 PPP 模式发展呈不平衡特征，PPP 项目投融资、建设、运营等呈现“三重、三轻”现象。其中之一便是融资重银行贷款，轻其他金融工具。

PPP 金融包括的融资工具和范畴比较广泛，不仅包括银行贷款，还包括与 PPP 相关的基金、信托、保险、融资租赁等。目前，虽然基金、信托、保险资金积极参与 PPP 项目建设、运营，有些地方还设立了 PPP 发展基金，但是，基金、信托、保险资金参与 PPP 项目还不多。为此，国家提出要引导金融机构建立快速通道，加快重大工程、PPP 项目等贷款审批，促进有效投资持续增长。

更有专家认为，让金融助力 PPP 的发展，需要银行进行相应的改革，这不是加快贷款审批速度的问题，“制约金融服务于 PPP 的问题不是贷款批准太慢，而是金融体制的问题”。

专业研究还认为，商业银行参与 PPP 项目，主要面临以下几方面的挑战：

一是流动性挑战。PPP 主要涉及基础设施建设和公共服务领域投资规模大、运营周期长。商业银行参与 PPP 往往面临较长的融资周期。其面临的流动性风险，尤其是期限错配风险，都会高于传统项目。

二是盈利挑战。在 PPP 项目中，商业银行的合作方多为政府部门或国有背景的企业。由于信用等级相对较高，金融机构在 PPP 中的议价能力相对较弱。PPP 的“公共”属性更决定了项目回报不会过高。因此，金融机构参与 PPP 受到的盈利性挑战也会更大。

三是风险挑战。虽然我国已有一些 PPP 项目的探索，其中也不乏成功案例，但截至目前，我国 PPP 正处于起步阶段，尚无一套完整的、可复制性强的成熟套路和模式。商业银行当前参与 PPP，在既有的市场风险之外，客观上还需承担更多的法律、信用等风险。

四是创新挑战。目前，我国 PPP 模式总体仍属于新生事物。商业银行参与 PPP，需及时、准确地把握 PPP 的新型需求，并有针对性地改造、变革相关产品或服务，不断创新。

从法律层面而言，现阶段我国商业银行参与 PPP 项目主要面临《商业银行法》和《银行业监督管理法》等法律及有关规定的限制，主要包括以下四个方面：

第一，《商业银行法》第四十三条规定：“商业银行在中华人民共和国境内不得从事信托投资和证券经营业务，不得向非自用不动产投资或者向非银行金融机构和企业投资，但国家另有规定的除外。”

第二，《银行业监督管理法》第十八条规定：“银行业金融机构业务范围内的业务品种，应当按照规定经国务院银行业监督管理机构审查批准或者备案。需要审查批准或者备案的业务品种，由国务院银行业监督管理机构依照法律、行政法规做出规定并公布。”

第三，2005 年 9 月 25 日，银监会颁布《商业银行个人理财业务管理暂行办法》，该办法明确：商业银行可以为个人客户提供财务分析、财务规划、投资顾问、资产管理等专业化服务活动；此类服务分为理财顾问服务和综合理财服务。

第四，2010 年 8 月 5 日，银监会下发《中国银监会关于规范银信理财合作业务有关事项的通知》，对银信合作从政策上予以收紧，规定商业银行和信托公司开展银信理财合作业务，信托资金用于融资类和投资类业务的，融资类业务余额占银信理财合作业务余额的比例不得高于 30%。

政策“松绑”激发社会资本

研究显示，银行虽然对未来能产生现金流的 PPP 项目进行贷款，但仍面临一些困境。

首先，PPP 项目的实际资金需求与银行各类资金在期限上存在一定的错配，且银行对项目资本金比例要求较高并需提供担保，社会融资成本较高。

专家指出，从银行自身的资金结构来看，商业银行介入支持 PPP，就必须考虑储蓄存款的平均期限问题。在宏观环境不变、经济基本形势不变、银根政策不变的条件下，商业银行可以用不断的短期流量资金来填补长期的投入，然而，一旦银根收紧、存准率提升，银行风险就会暴露。可以说，银行不直接对 PPP 项目融资的一个重要原因在于银行面临着期限错配。由于 PPP 项目大多涉及基础设施建设和公共服务领域，融资周期较一般工商企业贷款更长，而商业银行则主要是以中短期贷款为主。银行能提供给的贷款产品与 PPP 项目在周期上不匹配。

其次，对银行而言，过去融资主体一般为政府融资平台，还款来源一般都有地方财政兜底，同时还有土地抵押担保。与之前地方政府提供公共服务可以通过地方融资平台融资，还款来源有地方财政兜底和政府信用支持等相比较，PPP 模式下提供的公共服务，融资主体变成了 PPP 项目公司，PPP 项目公司无论在信用还是兜底方面与政府都不可能相比，PPP 项目本身参与主体众多,内部成分复杂,无法像地方融资平台那样快速地获得银行贷款。总之，PPP 模式与传统的模式明显不同,包括信用风险和市场风险等潜在的风险大，这对银行来说无疑也需要重新设计风险评估体系，以防范可能发生的风险。

再次，银行对 PPP 项目贷款也是基于未来有现金流进行贷款，且贷款要经过风险评估、贷款审批等一系列流程，对贷款的还款来源、现金流等有相关要求。

项目公司获得银行贷款需要以提供公共服务或基础设施产生的现金流作

为还款来源。正常情况下，社会化程度高的 PPP 项目现金流较好，能够得到银行的青睐，而准公益性和公益性 PPP 项目产生较少的现金流或者不产生现金流，PPP 项目公司难以覆盖贷款本息，这样自然就难以获得银行贷款。

最后，PPP 项目本身存在较大的不确定性。与传统方式相比，PPP 项目周期长、融资金额大，而商业银行进行长期融资也很可能导致自身的流动性危机。

以某水处理公司在华北某地投资的一起规模近 6 亿元的引水项目为例，某水处理公司商业计划书中对“项目风险”的分析为：

一、运营风险。一是水费的收缴率。公司对当地供水情况及当地企业没有足够的熟悉度和控制力，水费能否及时足够收缴存在风险。二是用水量的变化。现有供水工程设计负荷比较大，收益比较依赖于未来的人口增长和企业的扩张。三是水价调价风险。在长期的运营中随着人力、材料成本的提升，水价的调整影响公司收益很大。但是，作为第三方的运营公司调水价受政府制约较大，是否能够及时调整存在一定的风险。

二、支付风险。基于运营风险分析选择的合作模式，项目要的业务收入全部来自于政府支付，其支付能力和信用则成为公司收益的最大风险。

从我国 PPP 项目的实施来看，目前我国 PPP 项目中项目公司融资主要依赖银行业金融机构。主要原因是 PPP 项目具有资金需求量大、投资周期长、收益有限及风险较大等特点，社会资本资金不足，而信托等存在三五年的赎回问题，难以长期支持 PPP 项目。

在 PPP 的发展过程中，资金主体多元化是一种发展趋势。但从目前来看，银行资金仍将发挥重要作用，银行贷款仍是一种重要的模式，商业银行仍将是 PPP 模式的重要融资来源。这一点是毋庸置疑的。可以说，要顺利推进 PPP 项目，还需要银行业金融机构的大力支持。

据了解，目前，包括基金、信托、券商等都瞄准了 PPP 项目。各地也纷纷推出产业基金，借力产业基金吸引各种社会资本投入 PPP 项目。金融机构参与 PPP 项目比较多，既有股份制银行，也有政策性银行，还有券商、信托等。

PPP 最大的问题依然是金融政策存在障碍，社会资本跃跃欲试，但商业银行的政策不明朗，影响了 PPP 项目的落地。

笔者了解到，从国家层面已经开始着手银行业金融机构支持 PPP 项目的落地。

2015 年 8 月 21 日，银监会和国家发展改革委联合下发《关于银行业支持重点领域重大工程建设的指导意见》(以下简称《指导意见》)，要求银行信贷重点支持重点领域、重大工程建设，以解决项目资金到位难的问题。

该《指导意见》主要支持重点领域、重大工程项目建设，对遏制当前经济下行风险，实现稳增长、促改革、调结构、惠民生的目标有着重要意义。《指导意见》的发布，一方面是为了更好地引导信贷资金进入实体经济；另一方面，通过加强金融机构与项目的对接，能够减少信贷风险，提高信贷质量。

银监会相关负责人指出，重大工程项目往往公益性较强，经济性较低，而出于成本考虑，商业银行对这类项目提供支持的积极性不高。因此，监管部门需要对银行业支持重点领域、重大工程提出有针对性的要求，引导银行业发挥重要作用。

笔者注意到，《指导意见》要求银行业通过实施银团贷款、联合授信等开展信贷创新，鼓励针对政府和社会资本合作（即 PPP 模式）项目特点开展金融创新服务。

据介绍，为有效解决 PPP 项目缺乏期限匹配、成本适用的金融支持问题，发改委联合国家开发银行下发通知，提出由国家开发银行对 PPP 项目提供利率优惠、最长可达 30 年贷款期限等方面的差异化信贷政策。

又如在水污染防治领域推广 PPP，管理层明确尽快建立向金融机构推介 PPP 项目的常态化渠道，鼓励金融机构为相关项目提高授信额度、增进信用等级。鼓励环境金融服务创新，支持开展排污权、收费权、政府购买服务协议及特许权协议项下收益质押担保融资，探索开展污水垃圾处理服务项目预期收益质押融资。

业内人士表示，虽然国开行有明确的政策支持，但商业银行政策并不明朗，现在的社会资本包括基金、信托、证券都跃跃欲试，因商业银行相关政策制约，融资方面能否与金融机构谈成也成为 PPP 项目落地的最大的障碍。

2014 年，国家开发银行河北省分行与专注于烟气治理、水处理、环境监测等业务的 H 公司签订战略合作协议，由国家开发银行河北省分行给予 H 公司 PPP 项目资金支持。目前双方合作良好。

2015 年上半年，中国人民银行广州分行发布《关于金融支持广东稳增长调结构的若干意见》。《意见》紧密结合广东的实际情况，围绕外贸、投资、消费、创新、经济薄弱环节等五个方面的金融需求，提出了金融业支持广东稳增长、调结构的 23 条具体措施。《意见》指出，运用差别存款准备金、再贷款等货币政策工具，引导金融机构加大对重点区域、重大项目的信贷支持。引导金融机构创新金融服务，向以 PPP 模式建设的重大基础设施项目提供持续稳定的融资。

国内多家银行中标 PPP 项目

PPP 模式是政府和社会资本为提供公共产品或服务而建立的全过程合作关系。

作为 PPP 模式的重要参与者，商业银行承担着综合化的融资服务角色，一是为 PPP 项目提供良好的金融资源，二是参与到项目的设计、开发等顾问服务。商业银行为项目提供包括投行、保险、融资租赁、债券等在内的多元化的融资服务咨询，协助与当地政府的联系，为项目提供全流程服务，实际上最终的受益者也包括商业银行自己。

从上述商业银行的功能来看，商业银行对我国 PPP 模式的推广具有举足轻重的作用。

从商业银行角度来看，通过金融途径强化银行、政府以及社会资本的合作关系，从而可以更好地发挥 PPP 模式的作用。

其一，PPP 为商业银行拓展综合金融服务，提供投资新途径。PPP 模式主要应用在基础设施建设领域，这为商业银行进一步拓展包括资产、负债、服务类产品提供了广阔的空间。

其二，借助 PPP 的桥梁，有助于商业银行支持社会资本参与 PPP 项目、缓解地方债务压力并盘活存量资产，同时提高政府公共服务的水平和效率。

其三，PPP 为商业银行提供提升经营水平的契机，在扩大经营领域的同时，商业银行还可以不断加强自身的风险防范机制和金融创新能力。

近两年来，国内多地银行参与了 PPP 项目，不管是高铁项目、水利项目、区域整治等均成为项目的热点，PPP 项目相继落地。银行在认识 PPP 模式下自身风险的同时，更是看到该模式下蕴藏的巨大业务空间，并提前布局，积极介入。

公开资料显示，2015 年 6 月 8 日，全国首个地方高铁 PPP 项目——济青高铁（潍坊段）征地和拆迁项目招标结果在山东省潍坊市揭晓：在众多银行之间进行的激烈角逐中，中国邮政储蓄银行脱颖而出，成功中标。据悉，该高铁项目是全国首个按照财政部《政府和社会资本合作项目政府采购管理办法》规范运作的地方高铁 PPP 项目，计划投资规模 40 亿元、期限 15 年，邮储银行将以自营和理财资金联合投资。

济青高铁是全国铁路建设投融资改革以来，全国第一条以地方投资为主建设的国家高速干线铁路。其中，潍坊段相关项目通过采用 PPP 模式，引入实力雄厚、投融资和运营管理经验丰富的社会投资人，由社会资本承担资金筹集和参与济青高铁的运营工作，不但有效缓解了政府资金投入压力，还探索了社会资本参与地方高铁建设的有效模式，激发了社会资本的投资潜力。在背对背报价、十余家银行强力角逐的形势下，邮储银行中标。

2015 年 6 月，民生银行以 8.24% 最低年化收益率中标钓鱼嘴 PPP 整治项目。此次中标的钓鱼嘴片区位于重庆市大渡口区东南部，三面临江，坐拥 10.26 公里江岸线，是重庆主城唯一未开发的半岛。本次土地整治总用地面积约 4110 亩，片区内规划建设道路 9 条，总长约 11.3 公里。

2015 年，安徽省担保集团与中国进出口银行合作 PPP 模式融资担保项目（创新业务固定资产类贷款）。该贷款企业为宿州市利和水处理有限公司，贷款金额 8600 万元，贷款期限 12 年。宿州市利和水处理项目是城市基础设施项目，采取特许收费权的方式，民营资本参股 49%。

该贷款符合国家 PPP 模式项目支持发展方向，是安徽省担保集团对 PPP 项目模式的一种探索和实践，未来将联合国开行、路网公司等出台实施方案，主动赴地市营销 PPP 项目。

目前，已有二十多个省份公布 PPP 项目推介计划，估算投资总额超过 3 万亿元。作为融资的主力军，银行也开始参与其中。

据了解，包括工商银行、农业银行、中国银行、建设银行等在内的多家商业银行均开始积极地投入 PPP 的各种合作中来。

研究显示，商业银行参与 PPP 的方式主要有两类：一是给项目提供信贷融资支持；二是以基金方式入股资本金。

业内专家表示，银行通过产业基金形式进入的一般不是银行的表内资金，而是理财资金，主体也不是银行而是关联金融公司，基金一般都有政府的引导或母基金支持，这类基金是劣后的，对银行资金有保障。

对银行而言，在未来地方融资平台被 PPP 模式取代不可避免的大趋势下，PPP 模式将来会成为银行和政府合作的纽带。

鉴于 PPP 项目所在的领域大多为基础设施建设及民生相关领域，许多项目有较好的现金流，能保证商业银行投资资金的相对安全和稳定的回报率，从而大大提高商业银行参与 PPP 模式的积极性。

笔者认为，从支持实体经济的角度以及维护企业客户关系的角度，商业银行也应积极支持中国企业在境内外的 PPP 投融资项目，从而实现金融机构、企业的双赢。

鉴于此，专家建议商业银行可从以下方式入手，通过支持社会资本积极推广方兴未艾的 PPP 模式。

第一，主动与政府部门积极沟通。作为 PPP 模式的重要一方，政府部门在 PPP 项目中发挥着重要的作用。因此，商业银行应主动与政府部门积极沟通。这对政府部门筛选出优质项目非常有利。

第二，为客户设计相对完善的融资模式。与传统基础设施融资相比，PPP 模式下商业银行的融资主体是项目公司，还款来源为长达二三十年的经营性收入，追索权也由全额追索变为有限追索或无追索。变化之下，商业银行应根据项目的不同，密切关注项目公司运作经验，为客户设计相对完善的融资模式。

第三，加强财务监督。银行在向社会资本提供 PPP 项目资金后，为保证自身贷款能够达到预期目的，必须确保投入资金安全，保证 PPP 项目能顺利偿还债务。因此，银行必须对 PPP 项目运作过程进行财务监督，确保专款专用，通过委派财务人员、设立专门账户等形式，及时掌握项目的建设和运营情况，最终保证项目自身的财务安全和银行自身的贷款安全。

业内人士指出，PPP 模式代表着政府和社会资本之间的一种长期合作关系，商业银行在其中的施展空间尤为广阔：一方面，商业银行可以充分发挥资源配置的枢纽作用，引导信贷投向，有效撬动社会资金进入 PPP 领域。另一方面，PPP 模式强调公私部门的全过程合作，参与程度更高，特别是在项目中后期管理中，双方需共同承担重大风险和管理责任，这恰好与现代商业银行强调践行投行文化，提供一揽子、全流程、定制化、高附加值综合金融解决方案的理念相契合。

PPP 模式正处于一个创新时代，银行业金融机构高调入场 PPP 市场，代表了金融的态度，更是吹响了进军的号角。

银行拓展 PPP 模式范例

随着城投债逐渐退出历史舞台，PPP 模式将给银行、信托、基金、债券投资等带来深远影响。

据统计，PPP 模式适宜九类项目：城市供水、供暖、供气、污水和垃圾处理、保障性安居工程、地下综合管廊、轨道交通、医疗和养老服务设施。通常在 PPP 模式下，政府资金作为小部分本金投入，来源主要是政府专项转移资金和 PPP 融资支持资金。而社会资金参与 PPP 项目主要体现在两个阶段，一是项目建设阶段，政府鼓励金融机构为示范项目提供融资、保险等金融服务；二是运营阶段，社会资金通过优先股形式参股 PPP 项目公司，也可通过发行企业债、资产证券化模式筹集资金。

在国家的大力推广下，PPP 项目在我国迅速铺开。作为推广 PPP 模式的重要参与者，国内多家银行积极拓展 PPP 模式。

2015 年 7 月，中国开发性金融促进会政府和社会资本合作（PPP）委员会成立。国家开发银行行务委员、中国开发性金融促进会政府和社会资本合作（PPP）委员会总干事蒋志刚表示，未来将进一步发挥开发性金融优势，促进 PPP 的信用建设、市场建设和制度建设，带动地方政府和市场主体的经验交流模式创新，促进 PPP 项目实施。

据介绍，该委员会成立后将充分利用国家信息中心“PPP 综合服务平台”，全方位为运营商、供应商、经营商、金融机构提供服务，实现资源互补、信息互通，充分利用好 PPP 的各方优势，推动我国开发性金融资源将更多投向 PPP 领域，加快 PPP 项目落地，有效推动各地经济增长和转型升级。

中国 PPP 研究院院长贾康表示，开发性金融是政府部门和社会资本合作的重要探索，多年来通过开发性金融的孵化，市场的运作模式，运用法人建设、金融建设、现金流建设等方法，开发性金融在城市基础设施、基础产业、基础创新、保障性住房、三农等领域，成为政府与市场之间的重要纽带。

根据改革安排，国家开发银行定位为开发性金融机构，中国进出口银行和中国农业发展银行定位为政策性银行。三家银行的业务主体是自主决策的自营性业务或者开发性业务，政策性银行的自营业务需分账管理。

开发性金融和政策性金融有所不同，虽然两者都服务于国家战略和长期融资，国家为两类机构都有“增信”的背书安排，但开发性金融的模式是“保本微利”，不亏损；政策性金融在国家指令性项目上可以有国家兜底和风险权重的特别安排，不过在自营业务中同样遵循和开发性金融一样的要求和约束。

2015 年 3 月，国家发展和改革委员会、国家开发银行联合印发《关于推进开发性金融支持政府和社会资本合作有关工作的通知》，对发挥开发性金融积极作用、推进 PPP 项目顺利实施等工作提出具体要求。《通知》要求，各地发展改革部门要加强协调，积极引入外资企业、民营企业、中央企业、地方国企等各类市场主体，灵活运用基金投资、银行贷款、发行债券等各类金融工具，推进建立期限匹配、成本适当以及多元可持续的 PPP 项目资金保障机制。要加强与开发银行等金融机构的沟通合作，及时共享 PPP 项目信息，协调解决在项目融资、建设中存在的问题和困难，为融资工作顺利推进创造条件。

《通知》提出，开发银行要充分发挥中长期融资优势，积极提供融资顾问及“投资、贷款、债券、租赁、证券”等综合金融服务，并联合其他银行、保险公司等金融机构，以银团贷款、委托贷款等方式，努力拓宽 PPP 项目的融资渠道。《通知》明确指出，开发银行在监管政策允许范围内，可给予 PPP 项目差异化信贷政策：一是加强信贷规模的统筹调配，优先保障 PPP 项目的融资需求；二是对符合条件的 PPP 项目，贷款期限最长可达 30 年，贷款利率可适当优惠；三是建立绿色通道，加快 PPP 项目贷款审批；四是贯彻《国务院关于创新重点领域投融资机制鼓励社会投资的指导意见》关于“支持开展排污权、收费权、集体林权、特许经营权、购买服务协议预期收益、集体土地承包经营权质押贷款等担保创新类贷款业务”的要求，积极创新 PPP 项目的信贷服务。

2015 年 8 月，北京碧水源科技股份有限公司完成非公开发行股票，募集资金 62.31 亿元，其中国家开发银行旗下子公司国开创新资本有限责任公司以 54.34 亿元占有碧水源 10.48% 的股份，成为碧水源第三大股东。

此举是国开行第一次股权投资水务行业，碧水源在公告中指出，募集资金中的 50 亿元将用于 4 个项目类型（BT、BOT、BTOT、PPP）的 14 个水处理项目。

碧水源所处的基础行业如果没有长期的资金很难发展，商业银行很少提供资金，大多都是 1 年期，3 年期的都很少。而国开行则是一个很好的融资来源，一个是量大，且国开行的属性使得其贷款时限可以非常长，最长可以到 28 年。

国开行的入股为碧水源带来资金、市场和推广其膜技术的机遇。在今后的市场开拓中，碧水源将主要采用灵活的 PPP 模式，而这一模式也是国开行的重点支持方向。

资料显示，国开行占据国内银行贷款的 60% 以上，污水处理、供水、供气等诸多基础设施占比较大。

除国家开发银行外，中信银行也在积极拓展 PPP 模式。

2014 年，中信银行金融市场业务积极加强与资本市场、货币市场、国际金融市场联动，把握国内利率市场化和汇率市场化改革机遇，强化产品创新和资产管理，取得了较好的经营业绩。

2014 年末，财政部网站公布了首批 30 个 PPP 示范项目名单，中信银行成为首家为财政部 PPP 模式示范项目提供融资的商业银行。中信银行利用境内外的融资平台，不仅为贵阳市南明河项目提供了境外股权融资、境内项目融资的解决方案，也为各地政府推进 PPP 模式提供了较好的借鉴。

据报道，目前，中信银行一方面发挥渠道作用，积极对接各级财政部门业务需求，提供全面金融服务；另一方面联合集团内专业突出、实力雄厚的相关单位组成中信 PPP 模式联合体，正在全国开展 PPP 模式试点工作，服务内容涵盖 PPP 项目的咨询、设计、融资，以及项目的实施、运营、维护等。通过发挥中信集团平台优势，打造中信 PPP 模式综合服务能力，为包括水务、轨道交通、新城开发、保障房建设、医疗等公共领域的 PPP 项目提供全周期综合服务。

中信银行重庆分行相关负责人介绍，2013 年以来，该行引入中信集团子公司中信华东（集团）公司，通过 PPP 模式在重庆设立中信渝黔高速公路有限公司、中信沪渝高速公路有限公司、重庆成渝高速公路有限公司、中信建设重庆沿江高速公路公司 4 家公司，参与重庆市 4 条高速公司建设和运营；联合中信国际咨询和中信信托，与重庆轨道交通投资集团签署意向合作协议，就财政部 PPP 示范项目——重庆市轨道交通 3 号线项目展开战略合作；引入中信集团下属中信网络有限公司对重庆有线电视网络有限公司进行增资扩股，对重庆市电视主网络进行优化改造和数字化建设等，累计为客户提供表外融资 500 亿元。

中信银行方面表示，在政府推进 PPP 模式的进程中，中信 PPP 联合体将持续支持基础设施和公共服务项目，为 PPP 项目提供全流程、一揽子解决方案，助力政府和社会资本融合。

特许经营权的收益权可质押的示范意义

作为市政建设和公共服务事业，PPP 项目规模一般都较大，动辄上亿元甚至数十亿元，更甚者高达数百亿元。在我国，目前比较大的 PPP 案例主要有北京地铁 4 号线建设运营、国家体育场建设运营等 PPP 项目。公开资料显示，国家体育场工程总面积 21 公顷，建筑面积 25.8 万平方米，项目总投资额 313900 万元。北京地铁 4 号线投资额为一百五十多亿元。

虽然国内外不乏中信集团这样的投资巨无霸，但相对来说，真正一下子能拿出数十亿元甚至上百亿元投资 PPP 项目的公司在国内毕竟少之又少。在 A 股两千多家上市公司中，环保类的上市公司不过百家。面对数以千计的 PPP 项目，这些公司不可能有实力全部拿下，也需要外部的资金力量来支持。因此，通常情况下，社会资本在投资 PPP 项目后，都会借助银行资金的力量“撬动”资本。而作为风险的保障之一，便是银行要求社会资本以 PPP 特许经营权中的收益权作为质押，以保障银行的风险。因此，PPP 特许经营权的收益权质押问题，便成为业内关注的焦点。然而，研究发现，PPP 特许经营权的收益权质量在实践中还存在争议，主要是 PPP 特许经营收益权能否质押、法律效力如何等问题。

2015 年 12 月初，媒体报道称：经最高人民法院审判委员会讨论决定，将福建海峡银行股份有限公司福州五一支行诉长乐亚新污水处理有限公司、福州市政工程有限公司金融借款合同纠纷案等案例，作为第 11 批指导性案例发布。案例中对于特许经营收益权能否质押等司法实践难题作出明确规范，统一了裁判标准，有利于提高诉讼效率。

公开资料显示，原告福建海峡银行股份有限公司福州五一支行（以下简称海峡银行五一支行）诉称：原告与被告长乐亚新污水处理有限公司（以下简称长乐亚新公司）签订单位借款合同后向被告贷款 3000 万元。被告福州市政工程有限公司（以下简称福州市政公司）为上述借款提供连带责任保证。

原告海峡银行五一支行、被告长乐亚新公司、福州市政公司、案外人长乐市建设局四方签订了《特许经营权质押担保协议》，福州市政公司以长乐市污水处理项目的特许经营权提供质押担保。因长乐亚新公司未能按期偿还贷款本金和利息，故诉请法院判令：长乐亚新公司偿还原告借款本金和利息；确认《特许经营权质押担保协议》合法有效，拍卖、变卖该协议项下的质物，原告有优先受偿权；将长乐市建设局支付给两个被告的污水处理服务费优先用于清偿应偿还原告的所有款项；福州市政公司承担连带清偿责任。

被告长乐亚新公司和福州市政公司辩称：长乐市城区污水处理厂的特许经营权并非法定的可以质押的权利，且该特许经营权并未办理质押登记，故原告诉请拍卖、变卖长乐市城区污水处理厂特许经营权于法无据。

法院经审理查明：2003 年，长乐市建设局为让与方、福州市政公司为受让方、长乐市财政局为见证方，三方签订《长乐市城区污水处理厂特许建设经营合同》，约定：长乐市建设局授予福州市政公司负责投资、建设、运营和维护长乐市城区污水处理厂项目及其附属设施的特许权，并就合同双方的权利和义务进行了详细约定。2004 年 10 月 22 日，长乐亚新公司成立。该公司系福州市政公司为履行《长乐市城区污水处理厂特许建设经营合同》而设立的项目公司。

2005 年 3 月 24 日，福州市商业银行五一支行与长乐亚新公司签订《单位借款合同》，约定：长乐亚新公司向福州市商业银行五一支行借款 3000 万元；借款用途为长乐市城区污水处理厂 BOT 项目；借款期限为 13 年，自 2005 年 3 月 25 日至 2018 年 3 月 25 日；还就利息及逾期罚息的计算方式作了明确约定。福州市政公司为长乐亚新公司的上述借款承担连带责任保证。

同日，福州市商业银行五一支行与长乐亚新公司、福州市政公司、长乐市建设局共同签订《特许经营权质押担保协议》，约定：福州市政公司以《长乐市城区污水处理厂特许建设经营协议》授予的特许经营权为长乐亚新公司向福州市商业银行五一支行的借款提供质押担保，长乐市建设局同意该担保；福州市政公司同意将特许经营权收益优先用于清偿借款合同项下的长乐亚新公司的债务，长乐市建设局和福州市政公司同意将污水处理费优先用于清偿借款合同项下的长乐亚新公司的债务；福州市商业银行五一支行未受清偿的，有权依法通过拍卖等方式实现质押权利等。

上述合同签订后，福州市商业银行五一支行依约向长乐亚新公司发放贷款3000万元。长乐亚新公司于2007年10月21日起未依约按期足额还本付息。

另查明，福州市商业银行五一支行于2007年4月28日名称变更为福州市商业银行股份有限公司五一支行；2009年12月1日其名称再次变更为福建海峡银行股份有限公司五一支行。

福建省福州市中级人民法院于2013年5月16日作出（2012）榕民初字第661号民事判决：

一、长乐亚新污水处理有限公司应于本判决生效之日起十日内向福建海峡银行股份有限公司福州五一支行偿还借款本金28714764.43元及利息（暂计至2012年8月21日为2142597.6元，此后利息按《单位借款合同》的约定计至借款本息还清之日止）；

二、长乐亚新污水处理有限公司应于本判决生效之日起十日内向福建海峡银行股份有限公司福州五一支行支付律师代理费人民币123640元；

三、福建海峡银行股份有限公司福州五一支行于本判决生效之日起有权直接向长乐市建设局收取应由长乐市建设局支付给长乐亚新污水处理有限公司、福州市政工程有限公司的污水处理服务费，并对该污水处理服务费就本判决第一、二项所确定的债务行使优先受偿权；

四、福州市政工程有限公司对本判决第一、二项确定的债务承担连带清偿责任；

五、驳回福建海峡银行股份有限公司福州五一支行的其他诉讼请求。宣判后，两个被告均提起上诉。福建省高级人民法院于2013年9月17日作出福建省高级人民法院（2013）闽民终字第870号民事判决，驳回上诉，维持原判。

法院生效裁判认为：被告长乐亚新公司未依约偿还原告借款本金及利息，已构成违约，应向原告偿还借款本金，并支付利息及实现债权的费用。福州市政公司作为连带责任保证人，应对讼争债务承担连带清偿责任。

上面案例争议焦点主要涉及污水处理项目特许经营权质押是否有效以及该质权如何实现问题。

一、关于污水处理项目特许经营权能否出质问题

污水处理项目特许经营权是对污水处理厂进行运营和维护，并获得相应收益的权利。污水处理厂的运营和维护，属于经营者的义务，而其收益权则属于经营者的权利。由于对污水处理厂的运营和维护并不属于可转让的财产权利，故讼争的污水处理项目特许经营权质押，实质上系污水处理项目收益权的质押。

关于污水处理项目等特许经营的收益权能否出质问题，应当考虑以下方面：其一，本案讼争污水处理项目《特许经营权质押担保协议》签订于 2005 年，尽管当时法律、行政法规及相关司法解释并未规定污水处理项目收益权可质押，但污水处理项目收益权与公路收益权性质上相类似。《最高人民法院关于适用〈中华人民共和国担保法〉若干问题的解释》第九十七条规定，"以公路桥梁、公路隧道或者公路渡口等不动产收益权出质的，按照担保法第七十五条第（四）项的规定处理"，明确公路收益权属于依法可质押的其他权利，与其类似的污水处理收益权亦应允许出质。其二，国务院办公厅 2001 年 9 月 29 日转发的《国务院西部开发办〈关于西部大开发若干政策措施的实施意见〉》（国办发〔2001〕73 号）中提出，"对具有一定还贷能力的水利开发项目和城市环保项目（如城市污水处理和垃圾处理等），探索逐步开办以项目收益权或收费权为质押发放贷款的业务"，首次明确可试行将污水处理项目的收益权进行质押。其三，污水处理项目收益权虽系将来金钱债权，但其行使期间及收益金额均可确定，其属于确定的财产权利。其四，在《中华人民共和国物权法》（以下简称《物权法》）颁布实施后，因污水处理项目收益权系基于提供污水处理服务而产生的将来金钱债权，依其性质亦可纳入依法可出质的"应收账款"的范畴。因此，讼争污水处理项目收益权作为特定化的财产权利，可以允许其出质。

二、关于污水处理项目收益权质权的公示问题

对于污水处理项目收益权的质权公示问题，在《物权法》自 2007 年 10 月 1 日起施行后，因收益权已纳入该法第二百二十三条第六项的"应收账款"

范畴，故应当在中国人民银行征信中心的应收账款质押登记公示系统进行出质登记,质权才能依法成立。由于本案的质押担保协议签订于 2005 年,在《物权法》施行之前，故不适用《物权法》关于应收账款的统一登记制度。因当时并未有统一的登记公示的规定，故参照当时公路收费权质押登记的规定，由其主管部门进行备案登记，有关利害关系人可通过其主管部门了解该收益权是否存在质押之情况，该权利即具备物权公示的效果。

本案中，长乐市建设局在《特许经营权质押担保协议》上盖章，且协议第七条明确约定“长乐市建设局同意为原告和福州市政公司办理质押登记出质登记手续”，故可认定讼争污水处理项目的主管部门已知晓并认可该权利质押情况，有关利害关系人亦可通过长乐市建设局查询了解讼争污水处理厂的有关权利质押的情况。因此，本案讼争的权利质押已具备公示之要件，质权已设立。

三、关于污水处理项目收益权的质权实现方式问题

我国的《担保法》和《物权法》均未具体规定权利质权的具体实现方式，仅就质权的实现作出一般性的规定，即质权人在行使质权时，可与出质人协议以质押财产折价，或就拍卖、变卖质押财产所得的价款优先受偿。但污水处理项目收益权属于将来金钱债权，质权人可请求法院判令其直接向出质人的债务人收取金钱并对该金钱行使优先受偿权，故无需采取折价或拍卖、变卖之方式。况且收益权均附有一定之负担，且其经营主体具有特定性，故依其性质亦不宜拍卖、变卖。因此，原告请求将《特许经营权质押担保协议》项下的质物予以拍卖、变卖并行使优先受偿权，不予支持。

根据协议约定，原告海峡银行五一支行有权直接向长乐市建设局收取污水处理服务费，并对所收取的污水处理服务费行使优先受偿权。由于被告仍应依约对污水处理厂进行正常运营和维护，若无法正常运营，则将影响到长乐市城区污水的处理，亦将影响原告对污水处理费的收取，故原告在向长乐市建设局收取污水处理服务费时，应当合理行使权利，为被告预留经营污水处理厂的必要合理费用。

指导案例 53 号福建海峡银行股份有限公司福州五一支行诉长乐亚新污

水处理有限公司、福州市政工程有限公司金融借款合同纠纷案，旨在明确特许经营权的收益权可作为应收账款予以质押，对于协调新生物权与物权法定原则提供了指引，有利于解决对特定项目（如污水处理）的特许经营权能否质押及收益权质押实现方式的争议，统一裁判标准，对规范金融机构特许经营权的质押贷款业务并促进基础设施项目的融资有积极指导意义。

事实上，在实践中 PPP 项目采取质押方式贷款的项目并不鲜见。

2015 年 10 月，某环保公司与某县签订引水工程及供水工程 PPP 合同，项目总额为 10 亿元，实际合同额根据审计评估之后的额度确定。

在资金安排方面，项目主体融资拟采用特许经营权质押贷款的方式，从银行贷款，贷款年限在 20 年以上，贷款利率为基准利率，目标融资额度在 80%，即 8 亿元左右。

后经多轮协商，某环保公司与国内一家银行签订贷款协议，以某县政府给予某环保公司的 PPP 特许经营权的收益权作质押。

银行参与 PPP 项目的模式选择

如前所述，虽然各级政府大力推广 PPP 模式，但 PPP 项目真正落地的不多。笔者认为，一个关键的因素在于融资：社会资本有资金投资 PPP 项目，但社会资本自身也需要资金的支持，从建设到运营，全生命周期内都需要资金的帮助。

2015 年 6 月 17 日，国务院总理李克强主持召开国务院常务会议，部署加大重点领域有效投资，发挥稳增长、调结构、惠民生的多重作用，明确提出“引导金融机构建立快速通道，加快重大工程、PPP 项目等贷款审批”。

据了解，在银行参与 PPP 项目的模式中，目前较受政府、社会资本和银行业金融机构青睐的有以下两种模式。

其一，贷款模式。PPP 模式的发展在满足新型城镇化所需基础设施的同时，也为商业银行提供了新的贷款投向。

以北京地铁 4 号线项目建设为例。公开资料显示，北京地铁 4 号线分为 A 和 B 两个部分，A 部分为土建工程部分，投资额为 107 亿元，B 部分为机电项目，包括地铁车辆、售票系统等，投资额为 46 亿元。B 项目由特许经营公司——北京市京港地铁有限公司负责建设运营，该公司是由港铁股份、首创股份和京投公司共同出资设立，其中，港铁股份和首创股份的股份占比分别为 49% 和 2%。该项目规划时间分为建设期和特许经营期，2004 ~ 2009 年为建设期，2009 ~ 2034 年为特许经营期，30 年特许经营期结束后，北京地铁 4 号线将归政府所有。

该项目的融资模式是京港地铁注册资本 15 亿元，剩余资金来自银行无追索权贷款，期限为 25 年，利率为 5.76%，该利率介于十年期国债收益率和一般商业贷款利率之间。

北京地铁 4 号线是政府、社会资本、银行各方多赢的 PPP 项目，也是 PPP 项目成功的典型代表。社会资本和政府合作提供公共服务，既保证了项目的公益性，也照顾了社会资本的利润。商业银行在特殊目的载体（SPV）组建过程中提供了贷款，虽然期限长、利率低，但整个项目有良好的人流量保证，因而利润稳定，且银行贷款的安全性较高。

与地铁 4 号线相同，地铁 14 号线将地铁进行分割投资，全部建设内容被分为 A、B 两部分。A 部分主要包括征地拆迁、洞体、车站等土建内容，由政府方负责投资；B 部分主要包括车辆、通信、信号等设备投资内容，由社会投资者负责。

京港地铁公司通过招商负责 B 部分的建设，并可以在 30 年的特许经营期内对地铁 14 号线全部资产（包括 A 部分和 B 部分）进行运营和管理，30 年后将地铁归还给政府，且 B 部分“有一定盈利空间”。

其二，投贷模式。有分析认为，所谓投贷模式，是指商业银行通过发放贷款和运用投行资金的形式满足 PPP 项目的融资需求。发放贷款使得商业银行成为 PPP 项目的债权人，投行资金的介入使得商业银行可成为 PPP 项目的股东，商业银行既获得利息收入，也可以获得股息收入，这有助于调节银行收入结构。同时，贷款和投行资金联动可以降低银行大规模贷款带来的风险，投行资金的参与也为银行更好参与 PPP 项目的运作提供了良好的契机。

金融机构成为 PPP 项目的主体，成为项目公司的股东之一，形成投贷结合模式，是目前较为领先的一种模式，也受到政府、社会资本方的青睐。

从金融机构参与 PPP 项目的方式上看，金融机构既可以作为社会资本直接投资 PPP 项目，也可以作为资金提供方参与项目。

此外，业内普遍认为，推广 PPP 模式还需创新金融工具，选择更适合 PPP 项目的新模式。

由于 PPP 项目多半是微利行业，需要利率的优惠，因此，银行贷款产品设计要尽快创新。

2014 年 11 月，财政部印发《关于政府和社会资本合作示范项目实施有关问题的通知》，公布了首批 30 个 PPP 示范项目名单。建设银行迅速部署，积极与各地政府相关职能部门进行对接，了解项目需求。制定下发《PPP 业务营销指引》，加强产品创新，在业内率先研发并推出了 PPP 模式系列贷款产品。

针对 PPP 模式下 6 种主要运作方式，建行有针对性地创新了“BOT、BOO 贷款”、“O&M、MC 贷款”、“TOT、ROT 贷款”3 个贷款产品，分别用于满足 PPP 模式项目建设、运营以及存量基础设施和公共服务再融资需求，同时对应 PPP 项目识别、准备、采购、执行、移交 5 个阶段，配置了公司、投行、结算、托管、国际、个人业务等领域共 45 个产品。在很短的时间内，建行就对抚顺市三宝屯污水处理厂项目、池州市污水处理及市政排水设施项目、朝阳市污水处理项目成功实现了融资投放。

公开报道称，建行针对 PPP 运作方式设计融资产品的主要创新点有：

一是明确借款主体。根据《关于推广运用政府和社会资本合作模式有关问题的通知》（财金 [2014]76 号），贷款产品的借款人是符合财政部规定的 PPP 模式要求的境内企业法人，包括社会资本或项目公司。其中，社会资本指已建立现代企业制度的境内外企业法人，不包括本级政府所属融资平台公司及其他控股国有企业。

二是明确适用范围领域。三个贷款产品的适用领域与《关于推广运用政府和社会资本合作模式有关问题的通知》（财金 [2014]76 号）文件保持一致，主要适用于城市基础设施和公共服务领域，包括城市供水、供暖、供气、污水和垃圾处理、地下综合管廊、轨道交通、医疗和养老服务设施等收费定价机制透明、有稳定现金流的项目。

三是明确贷款用途。根据 6 种不同运作方式的资金需求特点，明确 3 个贷款产品的不同贷款用途。O&M、MC 贷款用于借款人为运营、维护和提供服务的日常生产经营周转。BOT、BOO 贷款用于相应的固定资产项目建设。TOT、ROT 贷款可用于借款人维护、运营存量城市基础设施和公共服务项目（以下简称存量资产）等经营性资金需求以及存量资产的再融资资金需求。

四是合理匹配贷款期限。根据 O&M、MC、BOT、BOO、TOT 和 ROT 运作模式的合同期限，为其匹配不同的贷款期限。MC 贷款期限最长 3 年，O&M 贷款期限一般不超过 3 年，最长不超过 8 年；BOT、BOO 贷款期限应短于借款人和政府签署的交易合同剩余年限 3 年（含）以上，贷款期限一般不超过十五年，超过十五年的办理备案手续；TOT、ROT 贷款期限应短于借款人和政府签署的特许经营权合同剩余年限 3 年（含）以上，贷款期限一般不超过十五年，超过十五年的办理备案手续。

五是明确担保方式。PPP 贷款要采取合法有效的担保措施，并争取项目发起人或控股股东（仅指社会资本）提供连带责任担保。对于项目形成的应收账款应进行质押。对于借款人拥有土地和在建项目所有权的，须将项目对应的土地、在建工程及项目建成后的建筑物等相关资产全部抵押。采用保证担保方式的，适当提高保证人的评级要求。

第三章

探路：基金支持 PPP 模式

鉴于 PPP 项目中社会资本资金不足，中央层面曾明确倡导设立中央级的引导示范性 PPP 股权投资基金，以改变社会资本参与 PPP 的模式。2014 年以来，多地成立的对接 PPP 的产业基金，其中大约吸引了 3500 亿 ~4000 亿元的银行资金。

通过设立 PPP 基金，运用规模化及专业化的运营方式降低融资成本，可以避免传统融资方式的瓶颈。

本章导读

中央率先出台 PPP 基金新政

各地方积极设立 PPP 基金

金融机构以基金形式介入 PPP 项目

PPP 基金结构设计

科学运作 PPP 模式下的产业投资基金

中央率先出台 PPP 基金新政

财政部 PPP 中心副主任焦小平称，如果说 2013 年是 PPP 的准备之年，2014 年是 PPP 元年，那么 2015 年就是 PPP 的深化完善之年，“应该说 2014 年到 2015 年宏观顶层设计基本结束，2016 年我们更多要转向操作层，抓好执行层”。

业内普遍认为，2016 年将是我国 PPP 项目集中签约之年。

所谓“兵马未动，粮草先行”。资金不足问题是摆在社会资本面前的拦路虎。因此，如何撬动广大社会资本参与到高达万亿元的 PPP 市场当中，成为决策部门重点考虑的一个问题。

鉴于 PPP 项目中社会资本资金不足，中央层面曾明确倡导设立中央级的引导示范性 PPP 股权投资基金，以改变社会资本参与 PPP 的模式。

笔者注意到，中央层面已经对此问题进行了深入研究，并且出台了一系列的应对政策。

2015 年 4 月，国务院发布《基础设施和公用事业特许经营管理办法》，允许对特许经营项目开展预期收益质押贷款（就此问题前文已有专门论述），鼓励以设立产业基金等形式入股提供项目资本金，支持项目公司成立私募基金，发行项目收益票据、资产支持票据、企业债、公司债等拓宽融资渠道。（下文将分别进行阐述）

2015 年全国两会，李克强总理的政府工作报告指出，大幅放宽民间投资市场准入，鼓励社会资本发起设立股权投资基金。政府采取投资补助、资本金注入、设立基金等办法，引导社会资本投入重点项目。在基础设施、公用事业等领域，积极推广政府和社会资本合作模式。

2015 年 5 月 19 日，国务院办公厅转发财政部、发改委、人民银行《关于在公共服务领域推广政府和社会资本合作模式指导意见》的通知（国办发〔2015〕42 号），特别指出中央财政出资引导设立中国政府和社会资本合作融资支持基金，作为社会资本方参与项目，提高项目融资的可获得性。鼓励地方政府在承担有限损失的前提下，与具有投资管理经验的金融机构共同发起设立基金，并通过引入结构化设计，吸引更多社会资本参与。

2015 年 8 月 26 日，国务院总理李克强主持召开国务院常务会议，决定进一步破解审批繁琐、资金缺口大等问题，加快棚改、铁路、水利等重大工程建设，设立 PPP 项目引导资金，扩大有效投资需求。

国务院常务会议提出通过设立 PPP 引导资金来解决投资资金的问题，这无疑是一个新的出路。PPP 项目的引导资金可以解决一部分重大项目投资的资金问题。

在业内人士看来，上述政策和中央指示都是中央政府对 PPP 模式金融创新方面的重点支持与推动。

通过设立 PPP 基金，运用规模化及专业化的运营方式降低融资成本，可以避免传统融资方式的瓶颈。

2015 年 6 月初，媒体报道称，中央级的引导示范性 PPP 基金已经获得财政部审批，引导基金的规模约为 500 亿元。该基金中，财政部出资 100 亿元，金融机构负责 400 亿元的支持。金融机构主要以国有银行为主，不排除股份制银行的参与。

一旦中央级引导基金获批，对处于落地难境况中的 PPP 来说将是利好：

首先，在金融风险方面，未来 PPP 项目会得到更大保障，社会资本积极性会大大提高。

其次，在政府和社会资本共同参与 PPP 项目（即非社会资本单独成立 PPP 项目公司）时，社会资本可以适当减少出资规模，减少其投资风险，增强积极性。不仅如此，还可以提高政府对 PPP 项目的监管力度，重视 PPP 项目全生命周期的各类风险，无论对政府还是社会资本而言都是有利的事情。

最后，中央级引导基金的投资标的将成为社会资本参与 PPP 的一个增信手段。有中央级引导基金的参与，社会资本将对介入 PPP 项目更有信心，投资力度也将更大。

2015 年 12 月 25 日，财政部下发《关于财政资金注资政府投资基金支持产业发展的指导意见》（以下简称《意见》），《意见》指出，规范设立运作支持产业的政府投资基金，财政资金注资设立政府投资基金支持产业，要坚持市场化运作、专业化管理，以实现基金良性运营。基金的设立和运作应当遵守契约精神，依法依规推进，促进政策目标实现。

（一）设立市场化的基金实体。结合政府投资基金定位、社会出资人意愿等，设立公司制、合伙制等市场化基金实体，坚持所有权、管理权、托管权分离。原则上不设立事业单位形式的政府投资基金；已设立事业单位形式基金的应当积极向企业转制，不能转制的应当选聘专业管理团队，提高市场化管理水平。

（二）建立多元化的出资结构。结合政府投资基金政策目标，广泛吸引社会出资，形成多元化出资结构，优化基金内部治理结构，形成各方出资合理制衡，促进协同发展。结合财力可能、基金定位、募资难度等确定财政资金注资上限，并根据有关章程、协议及基金投资进度等分期到位。

（三）坚持专业化投资运营。财政资金注资设立的政府投资基金，原则上委托市场化基金管理公司管理，并通过委托管理协议等约定主要投资领域和投资阶段。为促进产业链协同发展，可适当布局产业上下游环节。

（四）建立适时退出机制。财政资金注资设立政府投资基金形成的股权，应根据有关法律法规并按照章程约定的条件退出。财政出资原则在基金存续期满后退出，存续期内如达到预期目标，也可考虑通过预设股权回购机制等方式适时退出。

《意见》还指出，积极营造政府投资基金支持产业发展的良好环境，财政资金新注资设立政府投资基金支持产业发展,要按照本意见要求规范推进。已注资的基金如具备条件，应当在出资人自愿协商一致的前提下，按照本意见调整完善运作机制。财政部门应对所注资基金加强统筹，完善机制，营造良好环境，促使更好发挥支持产业发展的政策效应。

（一）加强统筹合作。中央和地方财政资金注资的投向相近的政府投资基金，应加强合作，通过互相参股、联合投资等方式发挥合力。同时，财政资金也可参股一些产业龙头企业发起设立的基金，扶优扶强，推动产业链协同发展，优化产业布局。

（二）加强组织协调。探索建立财政资金注资政府投资基金的统计分析、考核评价、董事及监事委派、风险控制等体系。同时，加强与有关部门和单位的合作，推动建立政府投资基金支持产业发展的工作协调机制，促进政策作用的有效发挥。

（三）强化政策支撑。对符合国有股转持豁免、税收减免等规定的基金，要用足用好政策。同时，积极研究促进政府投资基金支持产业发展的政策措施，引导金融机构加大对有关基金的融资支持力度，引导产业链相关的国有企业对基金出资。

（四）完善支持方式。按照财税改革和构建现代财政制度的要求，结合经济发展规划、产业基础、资源禀赋及科技优势等实际情况，积极探索完善保险补偿、PPP、融资担保等市场化支持方式，形成政策合力共同支持产业发展，推动重点产业发展和产业转型升级。

各地方积极设立 PPP 基金

在实践中，笔者了解到，各地产业基金入股 PPP 项目日渐增多，许多地方政府正借力产业基金吸引各种社会资本投入 PPP 项目。河南、江苏等地先后首次公布地方 PPP 基金方案。

综合各方公开信息，我国各地方政府拟建立和正在建立的 PPP 基金的情况为（按时间先后顺序并结合各地方政府顺序）：

2014 年 8 月，重庆市设立产业引导股权投资基金，将以 45.5 亿元撬动各类社会资本共约 155.5 亿元对工业、科技、现代服务业等 6 大领域进行股权投资。

2015 年 6 月，中部省份河南省首次公布总规模为 50 亿元的《河南省 PPP 开发性基金设立方案》。其方案明确了基金规模、投资范围、支持形式、基金管理等重要内容。根据方案，这项基金旨在撬动更大规模的社会资本参与到基础设施和公共服务设施领域项目建设中，并促使数以万亿元的社会资本 PPP 项目资金落地。

河南省财政厅有关负责人称，PPP 模式属新生事物，各地对 PPP 模式整体运作缺少系统了解。基金设立后，将选择部分项目给予资本支持，有利于加快推动 PPP 项目推广运用，促进项目尽快落地。

截至 2016 年 1 月，河南省已初步建立 PPP 模式政策框架和制度体系，编制 PPP 项目资格预审文件等示范文本，并建立项目库等资料库，已入库项目达 625 个，总投资达 7346 亿元。

2015 年 7 月，贵州成立了首家 PPP 专业产业基金投资管理公司——贵州 PPP 产业基金投资管理公司。该公司由贵州道投融资管理有限公司和苏交科集团股份有限公司联合发起，计划首期募集基金 20 亿元，基金投向贵州省基础设施领域的政府与社会资本合作项目。

2015 年 8 月，山东省设立 PPP 发展基金，自 2015 年起至 2017 年，引导基金出资 80 亿元，吸引银行、信托以及专业投资机构等金融和社会资本出资 1120 亿元，参股设立 12 只子基金，总规模 1200 亿元，实现引导基金 15 倍的放大效果。其中，2015 年首批基金规模达到 400 亿元，引导基金出资 20 亿元。基金实行母子基金两级架构，在突出激励引导、切实发挥财政资金杠杆放大作用的同时，坚持市场化专业运作，借助专业投资机构多元化投融资服务和项目管理经验，采取股权、债权或股权债权组合等多种灵活有效方式，重点投向通过并支持物有所值评估和财政承受能力论证、纳入省级 PPP 项目库的项目，促进项目尽快落地。

山东财政厅称，设立 PPP 发展基金，有利于引导民间资本投向基础设施和公共服务领域，切实缓解基础设施投资缺口大、政府财力不足、债务负担较重的困难；有利于推动政府投融资体制机制创新，加快形成多元化、可持续的 PPP 项目资金投入渠道，促进实现民生改善、发展动力增强等多重目标。

笔者注意到，山东省设立 PPP 发展基金前两个月，就向社会推出 50 个 PPP 项目，总投资额超 1000 亿元。

2015 年 9 月，四川省财政厅印发 PPP 投资引导基金管理办法。PPP 基金旨在引导社会资本参与 PPP 项目投资运营，以增加社会公共产品和公共服务供给。PPP 投资引导基金由财政出资 10 亿元发起，是四川省政府性引导基金中财政出资额度最大的一只，也是四川省拟八只产业基金中首个出台管理办法的基金。10 亿元财政出资对社会资本的撬动比预计达 1:5 左右。基金存续期原则上设定为 8 年。根据管理办法，财政厅履行政府出资人职责，四川发展控股有限责任公司作为 PPP 基金的受托管理机构。

根据管理办法，财政厅履行政府出资人职责，四川发展控股有限责任公司作为 PPP 基金的受托管理机构。PPP 基金将成立 5 或 7 名委员组成的投资决策委员会，除受托管理机构委派 1 名体现出资人意志外，其余委员将全部由基金管理公司和社会资本出资人出任，充分实现市场运作。

2015 年 9 月 16 日云南省印发了《云南省政府和社会资本合作融资支持基金设立方案》，拟设立规模在 50 亿元以上的基金。省财政厅从意向出资人中通过谈判等方式遴选合作伙伴，起草基金组建方案、管理办法、合作协议等相关材料，并同步向各州（市）财政局征集第一批基金支持项目。

2015 年 10 月，新疆 PPP 工作中心同招商银行、浦发银行总行商议，共同设立第一批自治区 PPP 政府引导资金。PPP 政府引导基金由自治区与相关金融机构按 1:9 的比例建立，由专业化基金管理机构运作管理。自治区出资 100 亿元，招商银行和浦发银行各出资 450 亿元，基金规模 1000 亿元，同时签署了成立基金协议。

根据自治区党委、政府的工作安排，自治区 PPP 工作中心与各金融机构研究，按照利益共享、风险共担的原则，建立 PPP 政府引导基金。

自治区将通过资本金注入、股权投资、债权投资等方式进行投资。对项目投资人已经确定、资金暂时不能到位的，也可通过垫资方式投入，待投资人资金到位后，基金再退出。

新疆将深入推广 PPP、BOT 等模式在交通领域实施，积极试点收费公路特许经营。新疆 G575 线巴里坤至哈密公路项目列入“2015 自治区引入社会资本示范项目第二批试点名单”，项目建设总里程 76.49 公里，总投资 62.72 亿元。拟申请国家资本金补助 22.84 亿元，其余资金按 PPP 模式筹措，计划 2016 年开建，建设期 4 年。

2015 年 11 月，山西省财政厅与北京首创集团、兴业银行达成了战略合作框架，共同发起设立“山西省改善城市人居环境 PPP 投资引导基金”，撬动社会资本投入到城市基础设施建设和运营中，破解城市基础设施建设投融资难题。

山西省财政出资两亿元，北京首创集团出资两亿元；兴业银行 3 倍配比出资 12 亿元，设立 16 亿元的母基金。在此基础上，先期选择有成熟的符合城市人居环境 PPP 项目的市、县，设立子基金。子基金由当地财政出资发起，吸收基金管理机构和社会资本出资，银行按 3 倍配比出资构成，初步预计全省子基金总规模可达到 128 亿元。按基金投资项目资本金不超过 15% 计算，可带动投资规模 850 亿元以上。

该投资引导基金重点用于城市供水、供气、供热、污水处理、垃圾处理、地下综合管廊、轨道交通等领域的 PPP 项目。

2015 年 6 月，江苏省财政厅发起设立“江苏省 PPP 融资支持基金”，并制定了《江苏省 PPP 融资支持基金实施办法》（试行）。文件指出，根据《国务院办公厅转发财政部 发展改革委 人民银行〈关于在公共服务领域推广政府和社会资本合作模式指导意见〉的通知》（国办发 [2015]42 号）精神，为加快推广运用政府和社会资本合作（PPP）模式，积极发挥财政资金的导向作用，充分利用金融机构、社会资本等资金和管理的优势，推动江苏省公共服务领域投融资机制创新，促进江苏省经济和社会发展，江苏省财政厅发起设立“江苏省 PPP 融资支持基金”，并制订了《江苏省 PPP 融资支持基金实施办法》（试行）。

江苏省 PPP 融资支持基金规模为人民币 100 亿元，每 20 亿元为一个子基金。基金出资人分为两部分：一是财政出资人，即省财政厅；部分市、县财政局。二是其他出资人，即若干家银行机构；保险、信托资金；其他社会资本。具体由江苏银行、交通银行江苏省分行、上海浦东发展银行南京分行、建设银行江苏省分行、农业银行江苏省分行各出资 18 亿元，省、市、县财政共同出资 10 亿元组成，是全国首例由财政资金和银行资金为主体发起成立的 PPP 基金。基金期限为 10 年，10 年到期后如仍有项目未退出，经出资人同意可延长。

基金将用于江苏省财政部门认可且通过财政承受能力论证的 PPP 项目，优先投入省级以上试点项目及参与出资市、县的项目。

2016 年 2 月，江苏省签下 PPP 融资支持基金国内首个投资项目，以股权方式对徐州市城市轨道交通 2 号线一期工程项目投资 4 亿元，这也是全国 PPP 基金投资的第一单项目。徐州轨道交通 2 号线一期工程总投资 169.79 亿元，线路全长 23.9 公里。一期工程分成建设养护和运营维护两个模块，此次招标的为建设养护阶段的社会资本，采用 PPP 当中的“建设—租赁—养护—移交”模式运作。

作为社会资本合作方，中国铁建徐州市城市轨道交通 2 号线一期工程 PPP 项目联合体将成立项目公司，注册资本金 10 亿元，其中中铁建出资 5.1 亿元，占比 51%；徐州轨道公司出资 4.9 亿元，占比 49%。合作期为 25 年，其中建设期 5 年。此次基金入股项目公司后，将加快徐州城市轨道交通 2 号线开工进度。

2016 年 1 月 19 日，安徽省首个省级城镇化 PPP 基金和 PPP 产业联盟正式成立。由安徽省住房和城乡建设厅与徽商银行共同设立的安徽省城镇化 PPP 基金，是全省首个省级层面的 PPP 引导基金，基金总额 500 亿元，将引入专业基金管理人，严格按照基金管理的要求专业化运作，重点投向省内城市基础设施 PPP 建设项目。同时，徽商银行作为发起人与 12 家知名央企和民营企业共同成立 PPP 产业联盟，徽商银行将发挥自身熟悉地方经济、了解企业的优势，推荐 PPP 项目，引入社会资本，为 PPP 项目提供全流程融资支持。

种种迹象显示，从中央到地方，政府 PPP 引导基金的设立为 PPP 增信提供了金融支持，成为吸引社会资本参与 PPP 项目的重要手段。

2016 年 2 月，河北省成立全国第一个区域性基金——PPP 京津冀协同发展基金。据介绍，PPP 京津冀协同发展基金总规模初步拟定为 100 亿元，在三年内分批落实到位，其中，河北省财政出资 10 亿元作为引导基金，银行机构、保险、信托资金以及其他社会资本出资 90 亿元。基金将用于支持河北区域内纳入省级 PPP 项目库且通过物有所值评价和财政承受能力论证的 PPP 项目，以及京津冀协同发展战略背景下的优质项目，助推京津冀协同发展战略实施。

建立 PPP 京津冀协同发展基金，有助于创新河北省重点基础设施和公共服务领域投融资管理机制，增加公共产品和服务供给。同时，可发挥引导示范效应，吸引更多的社会资金、民间资本进入河北省 PPP 领域。另外，发挥少量财政资金的“种子”作用，撬动金融和社会资本，达到基金 10 倍的放大效果，扩大基金对项目投入的规模和力度。

附件一：河南省 PPP 开发性基金设立方案

为加快推广运用政府和社会资本合作（PPP）模式，积极发挥财政资金导向作用，充分利用金融机构、社会资本的资金和管理优势，推动基础设施和公共服务领域投融资机制创新，促进我省经济和社会发展，按照河南省政府办公厅《关于印发财政支持稳增长若干政策措施的通知》（豫政办〔2015〕57 号）要求，河南省财政厅制定了设立河南省 PPP 开发性基金的运作方案。

一、基金设立的目的

（一）帮助市、县规范 PPP 项目前期运作。安排一定前期费用补贴，帮助市、县聘请专业咨询机构提前介入，规范项目操作流程，确保各环节工作有序开展。

（二）更好发挥示范项目带动作用。对于示范项目进行奖励，提高市、县政府的积极性，发挥可复制、可推广样板的示范作用，帮助市、县树立标杆、明确目标、理清思路。

（三）解决部分市、县资金不足问题。选择部分项目给予资本支持，有利于推动 PPP 项目推广运用。

二、基金设立的原则

（一）激励引导。通过设立 PPP 开发性基金，对 PPP 项目推广运用的关键环节和重点项目给予支持，调动市、县政府推广应用 PPP 模式的积极性，增强社会资本的投资信心,吸引更多金融机构和社会资本投资我省 PPP 项目。

（二）放大效应。通过少量财政资金的“种子”作用，撬动金融和社会资本，将财政资金放大 5 倍，扩大基金对项目投入的规模和力度。同时，积极与亚行、财政部和我省有关新型城镇化发展基金进行对接，发挥基金的整体效用。

（三）降低成本。省财政出资部分作为基金劣后，并可补贴金融或社会资本收益，或不收取收益，在吸引金融机构投资的同时，降低基金价格，达到降低政府对 PPP 项目资本投入或付费价格的目标。

（四）规范操作。通过引进咨询机构参与市、县 PPP 项目的前期运作，利用金融机构多元化的投融资服务和项目管理，进一步强化风险管控，减少行政干预，规范 PPP 开发性基金的投向使用，确保推广运用 PPP 项目规范有序。

三、基金的发起与设立

（一）基金名称：河南省 PPP 开发基金。

（二）基金规模：人民币 50 亿元。

（三）基金期限：5~7 年。

（四）基金出资人构成

1. 省豫资公司（代表省财政厅出资）；

2. 若干家金融机构；

3. 其他社会资本。

（五）基金管理人：由主要出资人指定。

（六）基金的募集：省财政厅委托省豫资公司出资 10 亿元，金融机构及其他出资人采取认缴制，出资比例以合同形式约定。

四、基金的投资与收益

（一）基金的投资范围。根据河南省 PPP 模式推广运用规划，基金将用于河南省 PPP 项目，包括运用 PPP 模式改造的存量项目和新增项目。

（二）基金支持的方式及标准。PPP 开发性基金通过资本支持和技术援助两种形式对我省 PPP 项目给予支持。其中资本支持方式占财政安排资金的 90%，并吸引金融机构共同参与，放大财政资金倍数；技术援助方式包括项目前期费用补贴和示范项目奖励，占财政安排资金的 10%。

1. 资本支持

基金投资的资本金收益参照贷款基准利率确定。对于新增项目，基金按照项目公司中财政出资部分的 30% 给予资本金支持，总投资在 10 亿元以下（含 10 亿元）的单个项目最高支持 2000 万元，总投资超过 10 亿元的项目最高支持 5000 万元；对于存量项目采用 PPP 模式改造的，基金按不超过项目总投资的 5%~10% 给予支持，最高不超过 5000 万元。对于不需要政府出具资本金的项目，基金按照上述标准为项目公司（实际给社会资本）提供支持，社会资本需相应降低政府付费标准或金额。

（1）基金的投资模式。采用股权为主、债权为辅等方式投入 PPP 项目。

（2）基金的退出机制。基金所投资具体项目期限 5~7 年，实行股权投资的，到期优先由项目的政府方或社会资本方回购；实行债权投入的，由借款主体项目公司按期归还。

（3）基金出资人的回报机制。基金按照相当于贷款基准利率确定收益，基金出资人按照当期市场最优惠的资金价格收取回报，财政出资部分收益可补贴金融机构或社会资本，或不收取收益。基金采取优先与劣后的结构，其他出资人作为优先级，财政出资人作为劣后级。

2. 技术援助

（1）前期费用补贴。列入省级备选项目库，补助项目前期费用的 50%，每个项目最高补助 50 万元。由财政部或省级公开推介的项目，补贴前期费用的 100%，每个项目最高补贴 100 万元，列入备选项目库时已经享受过的费用补贴金额将予以扣除（注：PPP 管理中心设 PPP 项目库，按照“意向→备选→推介→示范”四个层级逐步筛选出优质项目进行推广）。此费用将作为基金赠款提供给地方政府，可作为地方政府在项目公司中的权益。

（2）项目奖励。列入财政部全国示范的项目，每个项目奖励 500 万元。此费用将作为基金赠款提供给地方政府，可作为地方政府在项目公司中的权益。

五、基金的管理

（一）基金募投项目的决策。基金投资由基金决策委员会按照市场化规则决策。为了提高基金公司选择项目的准确性,减少尽职调查的时间和精力，省财政厅 PPP 工作内部协调机制可对省级 PPP 项目库内项目进行初审，推荐给基金投资决策委员会决策。

1. 财政厅 PPP 工作内部协调机制初审。由省财政厅 PPP 管理中心、相关业务处室、有关领域专家等 PPP 工作协调机制小组成员单位 5 人以上单数组成审查小组，定期召开项目初审论证会，研究提出推荐项目名单。

2. 基金的投资决策。由基金管理人和投资人组建投资决策委员会，负责对外投资决策。

（二）基金投资的申报管理

1. 申请省 PPP 开发基金的项目须纳入省级项目库，由项目实施机构向所在市或县财政部门申请，经市或县财政部门审核后上报省财政厅。

2. 投资决策委员会审定通过的项目，基金管理人与项目公司签订协议，明确投入规模、投入方式、收益回报、投入期限、回购机制、权利和义务等。

3. 如基金投入在项目公司成立前，则基金的投入规模、期限、约定收益及回购机制等应写入 PPP 项目的实施方案，并在项目采购中与合作方达成一致意见，写入 PPP 项目合作协议。

（三）基金的拨付。根据项目的投资决策协议，由基金管理人负责资金拨付。

2015 年 6 月 2 日

附件二：江苏省 PPP 融资支持基金实施办法（试行）

为加快推广运用政府和社会资本合作（PPP）模式，积极发挥财政资金的导向作用，充分利用金融机构、社会资本等资金和管理的优势，推动我省基础设施和公共服务领域投融资机制创新，促进我省经济和社会发展，由江苏省财政厅发起设立“江苏省 PPP 融资支持基金”，并制定以下实施办法。

一、基金的设立目标

（一）体现激励引导。通过建立 PPP 融资支持基金，发挥引导示范效应，吸引更多的社会资金、民间资本进入我省 PPP 领域，增强社会资本的投资信心。

（二）扩大投资规模。发挥少量财政资金的“种子”作用，撬动金融和社会资本，达到基金 10 倍的放大效果，扩大基金对项目投入的规模和力度。

（三）坚持市场化运作。借助金融机构多元化的投融资服务和项目管理经验，按市场化原则运作，强化风险管控，规范 PPP 融资支持基金的投向使用，加大对重点项目的支持力度。

（四）推动 PPP 模式运用。发挥基金对 PPP 项目的引导扶持作用，提高市、县政府运用 PPP 模式的积极性，扩大 PPP 模式的推广运用范围，创新我省重点基础设施和公共服务领域投融资管理机制，增加公共产品和服务供给。

二、基金的发起与设立

（一）基金名称：江苏省 PPP 融资支持基金。

（二）基金管理：通过政府购买服务的方式委托有资质、有基金管理经验和良好业绩的机构管理运作（下称“基金管理机构”）。

（三）基金规模：人民币 100 亿元，每 20 亿元为一个子基金。

（四）基金期限：10 年，10 年到期后如仍有项目未退出，经出资人同意可延长。

（五）基金出资人构成：

1. 财政出资人：①省财政厅；②部分市、县财政局。

2. 其他出资人：①若干家银行机构；②保险、信托资金；③其他社会资本。

（六）基金的募集：

省及市、县财政发起出资共 10 亿元，银行、信托、保险等其他出资人采取认缴制，以 9 亿元为一个份额单位，每家出资机构（允许出资机构组成联合体参与认缴）最少认缴 1 个份额单位，最多认缴两个份额单位，具体出资份额通过公开竞价后以合同形式约定。每个子基金由 1~2 家其他出资人及财政出资人组成，其中财政出资占 10%。

三、基金的投资与收益

（一）基金的投资范围：根据我省 PPP 模式推广运用规划，基金将用于我省经财政部门认可且通过财政承受能力论证的 PPP 项目，优先投入省级以上试点项目及参与出资市、县的项目。

（二）基金的投资模式：基金可以股权、债权等方式投入 PPP 项目，市场化运作，专业化管理。采取股权方式投资的，每一个项目股权投入的基金不超过注册资本金的 50%，最多不超过 4 亿元，且与项目社会资本方出资按比例同步到位。采取债权投入的，每一个项目不超过子基金规模的 20%。

（三）基金的投资期限：基金所投资具体项目期限不超过 5 年（包括回购期）。实行股权投资的，到期优先由项目的社会资本方回购，社会资本方不回购的，由市、县政府方回购，并写入项目的 PPP 合作协议中；实行债权投入的，由借款主体项目公司按期归还。

（四）基金的收益来源：

1. 所投资 PPP 项目的股权分红收益及股权转让增值收益；

2. 对 PPP 项目债权投入产生的利息收入；

3. 基金间隙资金用于稳健类金融产品产生的收入；

4. 其他合法性收入。

（五）基金对投资项目的收益获取机制：

实行股权投资的项目，按股权的比例享有收益；实行债权投入或以固定回报注入资本金方式的项目，按约定的固定回报率获取收益，最高不超过同期人民币贷款基准利率的 1.1 倍。

（六）基金出资人的回报机制：

1. 每个子基金均采取优先与劣后的结构，其他出资人作为优先级，财政出资人作为劣后级。

2. 基金出资人的回报采取固定收益加浮动收益的办法，按年分配，子基金每年所得收益，首先用于分配优先级出资人约定的同期人民币贷款基准利率 0.9~1.3 倍的固定收益（按公开竞价方式确定）；收益超过所有出资人的固定收益的剩余部分，作为浮动收益分配，优先级与劣后级出资人分别按 30% 与 70% 的比例分配。

3. 如子基金年度收益不足以分配优先级出资人的固定收益部分，由省财政予以补足。

4. 参与出资的市、县如未获得基金投入的，其财政出资部分可享受优先级的固定收益。

四、基金的管理与风险控制

（一）基金的投资决策：

1. 基金成立投资决策管理委员会（简称“投委会”），由省财政厅、出资 5000 万元以上的市或县财政局、其他出资人单位相关负责人等 7 人以上单数组成。主要负责审定基金章程、项目投资策略、项目监督管理制度、基金收益分配办法等重大事项。

2. 按子基金设立项目审定委员会（简称“项目审委会”），由省财政厅、出资 5000 万元以上的市或县财政局、基金出资人单位相关负责人等 5 人以上单数组成，负责子基金具体项目投资的审定。各出资人按出资份额享有表决权，出资不足 5000 万元的市、县财政由省财政代为行使表决权。项目审委会召开项目审查会议，到会人数、表决权数需同时满足应到人数、应到表决权数半数以上，表决事项获得到会全部表决权 55%（含）以上同意的予以通过，省财政厅享有一票否决权。

3. 基金管理机构负责对项目进行前期可行性审查，出具审查报告，同时负责资金召集、资金投放、项目监管、基金账户管理、间隙资金运作等方面工作，并做好事前、事中、事后的全流程信息披露。

4. 项目审委会召开前 45 日，省财政厅 PPP 中心将拟上会项目可行性审查报告提交给子基金各出资人，包括项目情况及拟投入金额、期限、方式、回报、退出机制等初步方案。项目审委会审查表决获通过的项目，由各出资人按认缴比例出资。项目审委会需就通过的事项在会议决议上签字确认。

（二）基金投资的申报管理：

1. 申请省 PPP 融资支持基金的项目须向所在地市或县财政部门申请，经市或县财政部门审核后上报省财政厅 PPP 中心。

2. 项目审委会审定通过的项目，委托基金管理机构与项目的政府方及社会资本方或项目公司签订协议，明确投入规模、投入方式、投入期限、收益回报、回购机制、权利和义务等。

3. 如基金投入在项目公司成立前，则基金的投入规模、期限、约定收益及回购机制等应写入 PPP 项目的实施方案中，并在项目采购中与合作方达成一致意见，写入 PPP 项目合作协议中。

（三）基金的出资与拨付：财政出资人出资部分在基金成立之日到位；其他出资人实际出资采取招款机制，根据项目的投资决策决议，基金管理机构向各出资人发出通知，出资人在收到通知十个工作日内按认缴比例支付资金。

（四）基金的日常管理：在基金投委会下设立基金管理办公室，由省财政 PPP 中心和出资人单位联系人组成，负责投资决策管理委员会、各子基金项目审委会决定的各事项落实、基金日常运行、沟通联络、项目情况跟踪管理、基金信息的反馈与发布、对基金管理机构的考核与管理等。办公室设在省财政 PPP 中心，办公室主任由省财政 PPP 中心负责人兼任。

（五）基金的风险控制措施：

1. 基金管理机构应加强项目运营情况跟踪督查，发现异常情况，及时向子基金项目审委会报告。

2. 针对项目情况，项目审委会可根据基金管理机构的建议，表决项目投资期限延长或缩短。

3. 基金将遵循分散配置原则，投资于省内多个 PPP 项目，控制单个项目投资规模，以达到分散风险和带动社会资本的双重作用。

4. 按照收益共享、风险共担的原则，如投资项目失败，首先由基金管理机构承担 10% 的损失（最多不超过子基金管理费的两倍），其次，由省财政、市或县财政以子基金的出资金额承担风险，项目的剩余损失由其他出资人在出资金额内按比例承担。

此办法自 2015 年 7 月 10 日起施行。

2015 年 6 月 5 日

附件三：四川省 PPP 投资引导基金管理办法

第一章 总则

第一条 根据《四川省人民政府关于在公共服务领域推广政府与社会资本合作模式的实施意见》（川府发〔2015〕45 号）和《四川省人民政府关于印发四川省省级产业发展投资引导基金管理办法的通知》（川府发〔2015〕49 号）有关规定，设立“四川省 PPP 投资引导基金”。为规范基金管理，结合我省实际，制定本办法。

第二条 本办法所称四川省 PPP 投资引导基金（以下简称“PPP 基金”）是由省政府出资发起、按照市场化方式运作管理、集中投向政府与社会资本合作项目的引导基金。

第三条 PPP 基金通过搭建政府投融资服务平台，发挥财政资金的杠杆效应，引导社会资本参与基础设施、公用事业、农林和社会事业等重点领域政府与社会资本合作项目投资运营，有效增加社会公共产品和公共服务供给。

第四条 按照“政府引导、市场运作、规范决策、严控风险”的原则，为提升决策效率，引入适度竞争，PPP 基金设立采取分期设立方式实施运作管理。

第五条 PPP 基金资金来源主要包括财政预算资金、社会募集资金、社会捐赠资金、基金投资收益及基金管理公司出资等。其中：社会募集资金最终规模原则上不低于基金总规模的 80%；基金管理公司出资比例不低于基金总规模的 1%。

第二章 管理架构

第六条 PPP 基金的管理架构由政府主管部门、受托管理机构和基金管理公司组成。

第七条 省财政厅受省政府委托履行政府出资人职责，作为 PPP 基金的政府主管部门。主要职责包括：

（一）制定 PPP 基金投资运营总体规划（含基金规模设定、结构安排、投向重点、收益处置等）。

（二）制定 PPP 基金管理制度。

（三）审定基金管理公司选择方案并实施过程监督。

（四）根据本办法审核受托管理机构与基金管理公司拟签协议。

（五）监督 PPP 基金投资运营情况。

（六）决定 PPP 基金其他重大事项。

第八条 四川发展控股有限责任公司根据省政府常务会议决议作为 PPP 基金的受托管理机构，受省财政厅委托代行出资人职责。主要职责包括：

（一）分期发起设立基金。

（二）选择确定基金管理公司。

（三）审定基金投资运营年度计划。

（四）监督基金运营管理，控制基金运营风险。

（五）向省财政厅报告基金投资运营管理情况。

（六）选择财政出资托管银行并报省财政厅备案。

（七）承办省财政厅交办的其他事项。

第九条 基金管理公司通过择优选择确定。基金管理公司应具备以下条件：

（一）具有国家规定的基金管理资质，管理团队稳定，具有良好的职业信誉。

（二）具备严格规范的投资决策程序、风险控制机制和财务会计管理制度。

（三）注册资本不低于 500 万元，管理运营产业投资基金累计规模不低于 2 亿元，主要股东或合伙人具有较强的综合实力。

（四）至少有 3 名具备 3 年以上产业投资基金管理工作经验的专职高级管理人员，至少主导过 3 个以上股权投资、债权投入或融资担保的成功案例。

（五）熟悉国家和省政府推广政府与社会资本合作模式相关政策制度。

（六）公司及其工作人员无违法违纪等不良纪录。

第十条　基金管理公司负责基金运营管理。主要职责包括：

（一）负责基金募集和投资运营管理。

（二）制定基金投资运营年度计划。

（三）选择基金托管银行并报受托管理机构备案。

（四）向相关主管部门履行登记备案手续。

（五）向受托管理机构报告基金投资运营情况。

（六）承办受托管理机构交办的其他事项。

第十一条　PPP 基金设置不超过 1 年的开放期。开放期内如因经营需要，经全体出资人一致同意，可以按照法定程序增加全体现有出资人的认缴出资额或引入新出资人。

第三章　基金管理

第十二条　PPP 基金存续期原则上设定为 8 年，必要时经基金股东会或合伙人会议审定可延展两年。

第十三条　PPP 基金采取公司制或有限合伙企业组织形式。

第十四条　建立 PPP 基金银行托管制度。基金管理公司在国内选择一家具有丰富基金托管经验的国有及国有控股商业银行或全国性股份制银行作为基金托管银行。托管银行履行战略合作协议相关承诺，并对基金重点支持项目给予融资优惠。

第十五条　围绕我省推广政府与社会资本合作模式的总体目标，基金重点投向全省推介项目，优先投向国家和全省示范项目。

第十六条　PPP 基金采取股权投资、债权投入、融资担保三种运作方式。

（一）股权投资。PPP 基金通过股权方式对项目进行投资，带动社会资本参与政府与社会资本合作项目。基金对单个政府与社会资本合作项目股权投资不超过两亿元；持有单个项目公司股份不超过项目公司注册资本金的50%。基金原则上对投资项目只参股不控股。

（二）债权投入。PPP 基金通过委托贷款方式对项目公司提供流动性支持，以债权投入方式支持项目建设运营。基金对单个政府与社会资本合作项目债权投入不超过项目总投资额的 30%，最多不超过两亿元。

（三）融资担保。PPP 基金对项目运作规范、内控制度健全、治理结构完善、风险防控有效、产出绩效明显，项目短期融资困难的项目公司提供融资担保，支持项目公司通过债权融资提升发展能力。

第十七条　PPP 基金成立由 5 或 7 名委员组成的投资决策委员会，负责项目投资、管理、退出的相关决策。投资决策委员会由受托管理机构、社会资本出资方、基金管理公司相关人员组成。其中：受托管理机构委派 1 名；社会资本出资方委派两名或 4 名；基金管理公司委派两名。拟投项目提交投资决策前，须由受托管理机构正式征求省财政厅意见。省财政厅负责对拟投项目 PPP 属性予以认定，对不符合 PPP 特征的项目予以剔除。

第十八条　PPP 基金收益主要包括：

（一）项目股权投资分红及转让增值收益。

（二）项目债权投入产生的投资收益。

（三）项目融资担保产生的保费收益。

（四）间隙资金的利息收入。

（五）其他收益。

第十九条　PPP 基金按照优先与劣后的分层结构进行募集和损益分担。财政出资及基金管理公司出资作为劣后级，其他出资人根据自愿原则也可作为劣后级。

第二十条　PPP 基金根据不同投资运作方式退出。

（一）股权投资退出。股权投资优先由项目社会资本方回购。采取股权转让、到期清算等多种方式实施股权退出，退出价格按照市场化原则确定。

（二）债权投入退出。PPP 基金对项目建设运营提供的债权投入，由项目公司按照协议约定实现到期债务清偿和债权退出。

（三）融资担保退出。PPP 基金对项目提供的融资担保按照相关约定条件退出。

第二十一条　PPP 基金清算形成的净收益或净亏损，按出资人协议、基金章程等相关规定进行分配或分担。

（一）清算后形成的净收益，先按出资人约定的基础收益进行分配；超额部分根据现行法律法规和协议约定进行分配。其中：财政出资收益的 30% 用于奖励基金管理公司；财政出资收益的其他部分可根据出资人的分层结构予以分类让渡。

（二）清算后形成的净亏损，先由基金管理公司以其出资额为限承担损失；之后由其余劣后级出资人以其出资额为限承担风险；剩余部分由其他出资人根据现行法律法规和协议约定进行分担。

第二十二条　PPP 基金按照不超过实际到位资金的 2% 向基金管理公司支付管理费，具体支付比例由出资人共同协商确定。

第二十三条　PPP 基金存续期满，基金管理公司组织对基金进行清算，清算结果经中介机构鉴证后报股东会或合伙人会议审定，并报受托管理机构备案。财政出资人出资形成的清算收入按规定全额缴省级金库。

第四章　风险控制

第二十四条　托管银行依据托管协议约定负责账户管理、资产保管、监督管理、资金清算、会计核算等日常业务，对资金安全实施动态监管。

第二十五条　托管银行应具备以下条件：

（一）在四川省有分支机构，与我省有良好的合作基础，具备省级财政收支业务代理资格优先。

（二）拥有专门管理机构和专职管理人员。

（三）具备安全保管和办理托管业务的设施设备及信息技术系统。

（四）具有健全的托管业务流程和内控制度。

（五）资本充足率符合监管部门相关规定。

（六）最近 3 年无重大违法违规记录。

第二十六条　PPP 基金在运营过程中出现下列情况之一时，应当终止运营并清算：

（一）代表 50% 以上基金份额的股东或合伙人要求终止并经股东会或合

伙人会议决议通过。

（二）PPP 基金发生重大亏损、无力继续经营。

（三）PPP 基金出现重大违法违规行为、被管理机关责令终止。

第二十七条　省财政厅按照基金设立进度，将资金拨付受托管理机构选定的托管银行，实行专户管理。

第二十八条　财政出资在 PPP 基金成立之日全部到位；其他出资人按出资协议约定的最低出资额同步到位，其余出资采取承诺制，根据项目投资决策决议，基金管理公司向出资人发出通知，出资人在收到通知十个工作日内向基金托管银行按认缴比例支付资金。

第二十九条　PPP 基金管理公司对运营管理的基金实行分账核算，对自有资产与基金资产实行分块管理，严格内部风险控制。

第三十条　基金托管银行应于会计年度结束 1 个月内，分别向基金管理公司和受托管理机构报送上年度资金托管报告。托管银行发现资金异动应及时报告。

第三十一条　基金管理公司应于会计年度结束 3 个月内，向受托管理机构和其他出资人分别提交基金年度运行情况报告和经社会审计机构审计的年度会计报告。

第三十二条　受托管理机构应于会计年度结束 4 个月内，向省财政厅转报经审核确认的基金年度运行情况报告和经社会审计机构审计的年度会计报告。

第三十三条　PPP 基金不得从事抵押、股票、期货、债券、商业性房地产等投资活动；不得列支对外赞助、捐赠等支出；不得从事国家法律法规明确的禁止性业务。

第五章　监督管理

第三十四条　受托管理机构应与其他出资人在基金章程（合伙协议）中约定，有下列情况之一的，省财政出资可无需其他出资人同意，单方决定退出基金；如无法实现退出，基金应当进入清算程序。

（一）未按基金章程或合伙协议约定开展投资运营。

（二）与基金管理公司签订合作协议超过 1 年，基金管理公司未按约定程序和时间要求完成设立手续。

（三）基金设立之日起满 1 年未开展投资业务。

（四）投资领域不符合约定。

（五）其他不符合约定的情形。

第三十五条　受托管理机构、基金管理公司、托管银行应当接受省审计厅的审计检查。有关机构和人员应当积极配合，不得以任何理由阻挠和拒绝提供有关材料或提供虚假不实的材料。

第三十六条　受托管理机构定期对 PPP 基金投资运营绩效实施考核评价；省财政厅对受托管理机构履职情况进行评估，必要时可委托社会审计机构实施审计检查。

第三十七条　受托管理机构严格履行 PPP 基金投资运营风险监控职责，当 PPP 基金投向偏离规定范围或运营发生违法违规问题时，应按照协议责令纠正或终止与基金管理公司合作。

第三十八条　受托管理机构、基金管理公司和基金管理人员在运营管理中出现违规行为，依照相关法律法规予以处理。涉嫌犯罪的，移交司法机关依法追究刑事责任。

第六章　附则

第三十九条　本办法自发布之日起 30 日后实施。

第四十条　本办法由省财政厅负责解释。

2015 年 12 月 3 日

附件四：云南省政府和社会资本合作融资支持基金设立方案

根据《国务院办公厅转发财政部　发展改革委　人民银行〈关于在公共服务领域推广政府和社会资本合作模式指导意见〉的通知》（国办发〔2015〕42 号）和《云南省人民政府关于促进全省经济平稳健康发展的意见》（云政发〔2015〕25 号）精神，为加快推广运用政府和社会资本合作（以下简称 PPP）模式，积极发挥财政资金的导向作用，充分利用金融机构、社会资本等资金和管理的优势，推动我省公共服务领域投融资机制创新，促进我省经济和社会发展，制定我省 PPP 融资支持基金设立方案。

一、基金设立的目的

（一）引导和激励 PPP 模式的推广应用

通过设立 PPP 融资支持基金，发挥引导示范效应，吸引更多的社会资金、民间资本进入我省 PPP 领域，增强社会资本的投资信心，提高省级部门及各州（市）运用 PPP 模式的积极性，促进 PPP 模式的推广应用。

（二）扩大投资规模，降低融资成本

发挥财政资金杠杆作用，引导社会资本扩大对 PPP 项目投入的规模和力度。撬动金融机构为 PPP 项目提供融资服务，积极增加融资规模并有效降低 PPP 项目融资成本。

（三）发挥专业机构的职能作用

整合咨询公司、基金公司、银行等专业机构的优势资源，为我省 PPP 项目提供多元化的投融资和项目管理服务，强化风险管控，规范 PPP 项目的运作模式，增加公共产品和服务供给。

二、基金的发起与设立

（一）基金名称

云南省 PPP 融资支持基金。

（二）基金管理

通过政府购买服务的方式委托有资质、有基金管理经验和良好业绩的机构管理运作（下称“基金管理机构”）。

（三）基金规模

根据我省 PPP 项目推进情况逐步扩大基金规模，第一期定为人民币 50 亿元以上，其中：省财政厅筹集两亿元，向金融机构和社会资本募集 48 亿元以上。根据 PPP 项目情况逐年增加，并按行业类别设立子基金。

（四）基金期限

暂定 10 年，到期后如仍有项目未退出，经出资人同意可延长。

（五）基金出资人构成

1. 云南省财政厅；

2. 金融机构；

3. 其他社会资本。

（六）基金的募集

省财政厅作为基金发起人，金融机构和其他社会出资人按省财政厅出资额的一定倍数认缴基金份额。

三、基金的投资与收益

（一）基金支持范围

包括能源、交通运输、水利、环境保护、农业、林业、科技、保障性安居工程、医疗、卫生、养老、教育、文化等公共服务领域，投资规模较大、需求长期稳定、价格调整机制灵活、市场化程度较高的基础设施及公共服务类项目。优先支持列入财政部和省财政厅 PPP 示范项目名单的项目，以及其他收费定价机制透明、有稳定现金流的 PPP 项目，特别是运用 PPP 模式改造的存量项目。

（二）基金投资模式

基金通过股权、债权等方式投入 PPP 项目，市场化运作，专业化管理，综合运用金融工具，实现基金保值、增值和可持续发展。主要模式包括：

1. 阶段性持股。PPP 项目政府方暂时没有足够资本金投资项目公司股权时，PPP 融资支持基金可以出资认购合同约定的政府方持有股权份额，且与项目社会资本方出资按比例同步到位。到期优先由项目的社会资本方回购，项目社会资本方不回购的，由其他社会资本或同级政府方回购，并写入项目的 PPP 合作协议中。

2. 垫付可行性缺口补助。当 PPP 项目政府方因不确定因素及预算年度问题导致无法及时支付约定的项目可行性缺口补助时，可由基金承诺先行垫付补助资金，地方政府财政预算资金到位后偿还。

3. 短期借款。合作银行由于特殊原因暂时不能发放已承诺的贷款时，基金可在银行授信批复限额内为 PPP 项目提供短期的资金支持，并约定在银行资金到位后由项目公司按期归还。

（三）基金的收益来源

1. 阶段性持有 PPP 项目的股权收益；

2. 股权转让增值收益；

3. 垫付可行性缺口补助和短期借款产生的利息收入；

4. 基金间隙资金投资稳健类金融产品产生的收入；

5. 其他合法性收入。

（四）基金出资人的回报机制

基金采取优先与劣后的结构，其他出资人作为优先级，省财政厅作为劣后级。基金每年所得收益首先用于分配优先级出资人的固定收益，优先级出资人的固定收益参照同期人民币中长期贷款基准利率，约在 5%~8% 之间；剩余部分用于劣后级出资人享有收益；如基金年度收益不足以分配优先级出资人约定收益部分，由省财政予以补贴。

四、基金的管理

（一）项目的审查论证

1. 基金仅用于支持云南省 PPP 项目，项目需符合上述基金支持范围。

2. 基金管理机构对项目进行全方位风险评估，包括贷前调查、可行性分析、财务评价以及风险控制措施，出具风险分析报告和结论性意见。

3. 基金管理机构对项目进行物有所值评价，通过定性评价和定量评估形成项目的物有所值评价报告。

4. 省财政厅自主开展 PPP 项目财政承受能力论证工作，必要时可通过政府采购方式聘请专业中介机构协助，出具财政承受能力论证结论。

（二）基金的投资决策

1. 基金投资决策委员会（简称"投委会"）由省财政厅、其他出资人单位相关负责人、投资顾问等 7 人以上单数组成，投委会表决采取多票通过制。省财政厅拥有一票否决权，投决意见需按省财政厅决策程序讨论通过。

2. 基金管理机构负责对项目进行前期可行性审查，出具审查报告，同时负责资金召集、资金投放、项目监管、基金账户管理、间隙资金运作等方面工作，并做好事前、事中、事后的全流程信息披露。

3. 投委会召开项目审查会议前，省财政厅将拟上会项目可行性审查报告提交给基金各出资人，包括项目情况及拟投入金额、期限、方式、回报、退出机制等初步方案。投委会审查表决获通过的项目，在会议决议上签字确认。

（三）基金投资的申报管理

1. 申请省 PPP 融资支持基金的项目需向所在州（市）财政部门申请，

经州（市）财政部门审核后上报省财政厅。

2. 投委会审定通过的项目，委托基金管理机构与项目的政府方及社会资本方或项目公司签订协议，明确投入规模、投入方式、投入期限、收益回报、回购机制、权利和义务等。

（四）基金投后管理

省财政厅、PPP 基金管理机构、合作银行将联合对支持项目进行后期管理，加强项目运营情况跟踪督查，保障项目顺利运作。

2015 年 10 月 8 日

金融机构以基金形式介入 PPP 项目

继 2015 年 5 月 25 日国家发改委首次公开发布 1043 个、总投资额达 1.97 万亿元的 PPP 项目后，如何撬动社会资本参与其中，便成为市场最关心的事情之一。国家发改委公布的第二批 PPP 项目，总投资达 2.26 万亿元。

2015 年 9 月 29 日，财政部推出了第二批 PPP 示范项目，总投资规模近 6600 亿元。与第一批相比，这批项目数量和投资金额均明显增多，项目范围也更广，涉及交通、市政、教育、医疗、旅游等多个领域。

笔者发现，许多有一定实力的社会资本对日渐兴起的 PPP 模式青睐有加，欲投资 PPP 项目，但动辄五六亿元、上十亿元甚至上百亿元的投资规模，还是让相当多的社会资本望而却步，不得不打消投资的念头。而即使是一些有实力的行业大公司，在投资 PPP 的项目中，也需要借助信贷融资、发债、与其他社会资本成立联合体的形式共同解决资金问题。

据介绍，目前，我国重点投资项目资金获取的主要途径有项目资本金、银行贷款以及企业债券等债券。其中，项目资本比例金规定很严，比如污水处理项目自有资本比例需达到 20%，铁路项目自有资本金比例需要达到 25%，公路和城市轨道交通自有资本金比例为 25%，保障房为 20%。而企业债券需要国家发改委审批，如果是可转债（转为股份）由证监会等批准，其余的则需要银行贷款。

以笔者操作的一起投资 10 亿元的引水、自来水工程以及河道治理项目为例。项目资本金需要 20%（即两亿元），其余的 80%（即 8 亿元）需以银行贷款、债券等方式获得。

业内普遍认为，当前困扰着 PPP 模式发展的主要原因，包括政府和社会资本方的负债率都较高、项目启动资本金短缺等，市场上也缺乏专业的 PPP 基金管理机构。

2015 年 9 月初，财政部明确表示将加快推广 PPP 模式，规范推进 PPP 项目实施，着力推动形成能复制、可推广的案例，并尽快设立由中央财政出资的中国 PPP 引导基金，吸引市场主体共同参与。

2015 年 9 月 30 日，财政部发布消息称，已联合 10 家机构共同设立中国政府和社会资本合作（PPP）融资支持基金，总规模 1800 亿元人民币。这 10 家机构分别为中国工商银行等国有五大商业银行，中国光大集团股份公司、中国中信集团有限公司、中国邮政储蓄银行股份有限公司、全国社会保障基金理事会、中国人寿保险（集团）公司。

财政部称，这笔基金将作为社会资本方，重点支持公共服务领域 PPP 项目发展，提高项目融资的可获得性。这有利于优化 PPP 项目融资环境，促进 PPP 模式发展。

研究发现，与上述各地政府积极设立 PPP 引导基金相应的，是目前一些金融机构开始以基金等形式介入到 PPP 项目中，成为助力 PPP 发展的重要力量。

从另一个角度而言，银行业金融机构特别是在基础设施和公共服务领域有着广泛的客户优势和丰富经验的大型商业银行，面对 PPP 模式中蕴藏的巨大发展机遇大多表现出高度重视。

2014 年 12 月，河南省政府与建设银行、交通银行、浦发银行签署“河南省新型城镇化发展基金”战略合作协议，总规模将达到 3000 亿元，具体可细分为“建信豫资城镇化建设发展基金”、“交银豫资城镇化发展基金”和“浦银豫资城市运营发展基金”。首批 25 个募投项目已通过三家银行总行的审批，确定投放额度 594 亿元。

建行负责人表示，建行在 PPP 领域与各类社会资本和专业机构探索合作发展，目前建行正在与中国建筑股份有限公司共同组建一只 PPP 基金，规模初定为 1000 亿元。

围绕 PPP 模式，建行已开始系统性、有针对性地布局。据了解，建行选择以资管条线的产业基金业务为突破口，发挥建行在各类基金方面多年的丰富经验，在 PPP 模式所涉及的各个方向进行战略性布局。具体来说：

首先，积极协助和参与财政部发起组建的中国政企合作投资基金，并成为基金最大的出资金融机构。

其次，成功中标江苏、山东等全国多地省级 PPP 引导基金，通过各地分行构建全国性 PPP 网络。江苏省 PPP 融资支持基金规模人民币 100 亿元。作为五家金融机构之一，建设银行江苏省分行出资 18 亿元。

最后，从产业资本方入手，与中建、上海建工等优秀社会资本方合作，组建 PPP 基金联盟。同时，还与保险公司合作银保 PPP，以拓展机构资金来源；与信达资产和大岳咨询合作组建国内首个专业 PPP 基金管理公司，从而顺利打通 PPP“前（方案设计）、中（资金提供）、后（资产处置和证券化）”端全流程。

不仅如此，为加快转型发展，建行 2016 年成立资产管理、同业业务、金融市场三大业务专营中心，再加上建行集团旗下建信基金、租赁、保险、信托、期货、投行、养老金等其他非银子公司联动合作，能为 PPP 提供全面的金融服务。

2016 年 1 月 19 日，建行董事会发布公告称，批准设立同业业务中心，撤销同业业务部（二级部）；设立资产管理业务中心、投资银行部，撤销资产管理部（投资银行部）；撤销养老金业务部。分析称，机构的调整将成为建行全面发力 PPP 项目的有效载体。建行负责人称，建行将发挥全牌照优势，吸收社会各类资金为 PPP 项目提供全面金融服务。

通过以上多种方式，建行创新金融工具，打造多个 PPP 基金的同时，还形成各基金的良性互动，为我国 PPP 的发展提供了重要的动力。

除建行外，开发、政策性金融机构也将基金的触角“伸向”PPP 领域。

媒体报道称，开发性金融机构对基建项目融资“输血”发挥着重要的“牵头人”作用，并且对备受市场关注的 PPP 融资模式做了新的尝试。国开行作为开发性金融机构，尝试“基金 +PPP”模式，政府与银行合作设立基金，并通过银行表外理财让社会资本介入，银团贷款后续跟进投放到融资项目中。

2015 年 8 月，国内首只“基础设施专项金融债”问世，通过向邮储银行定向发行贴息专项建设债券，国开行、农发行利用募集的资金建立专项建设基金，以股权方式投入，用于项目资本金投入、股权投资和参与地方投融资公司基金。

根据国家发改委安排，“2015 年第三批专项建设基金项目”基金总额为 2000 亿元至 3000 亿元，分五大类共 33 个专项。据了解，这些专项建设基金由开发性和政策性金融机构通过全资子公司对项目公司进行资本金注资，并获得一部分股权，从而使项目公司获得银行贷款资格。

商业银行通过基金方式支持 PPP 模式，国内保险资金也积极成立基金公司支持 PPP 项目的落地。

中国平安集团相关负责人表示，平安将申请成立产业基金管理公司，其中 PPP 是作为最重要的投资方向。平安集团将打造 PPP 项目综合金融解决方案，建立服务 PPP 项目全生命周期的业务模式。平安旗下的平安证券、平安信托、平安银行和产业基金将从项目源头参与和协助地方政府的 PPP 项目建设、咨询和投资，为项目提供专业的财务顾问及融资服务。

PPP 基金结构设计

PPP 项目各主体之间关系复杂，投资规模大、回收时间长，因此，PPP 项目需要较为灵活的融资方式。

结合国外的成熟经验，PPP 基金有助于解决基建项目融资缺口巨大的难题。

2015 年 5 月 22 日，国务院办公厅转发财政部、发改委、人民银行《关于在公共服务领域推广政府和社会资本合作模式指导意见》的通知，明确推进相关立法，要求中央财政出资引导设立中国 PPP 合作融资支持基金，作为社会资本方参与项目，提高项目融资的可获得性。

上述通知明确，在能源、交通运输、水利、环境保护、农业、林业、科技、保障性安居工程、医疗、卫生、养老、教育、文化等公共服务领域，鼓励采用 PPP 模式。其中，在能源、交通运输、水利、环境保护、市政工程等特定领域需要实施特许经营的，按《基础设施和公用事业特许经营管理办法》执行。

《国家发展改革委关于开展政府和社会资本合作的指导意见》(发改投资[2014]2724 号)中亦明确提出:“鼓励项目公司或合作伙伴通过成立私募基金、引入战略投资者、发行债券等多种方式拓宽融资渠道”。

可以说,PPP 基金的设立,其最大的意义在于解决 PPP 项目的融资困境,从资金上真正为推动 PPP 模式创造了良好条件，从而最终实现政府、社会资本、金融机构三方的利益共赢。

那么，PPP 基金方案究竟应该怎样设计，才能更好地推进 PPP 项目的落地呢?

研究认为，在各类基金积极支持 PPP 模式的当下，在 PPP 基金的结构设计上显得尤为重要。

第一，PPP 基金的投资方式。PPP 基金的投资方式主要有两种：

一是直接投资 PPP 项目。此类 PPP 基金主要是在轨道交通，市政供水、供气、供暖，污水处理，保障房，医疗设施及养老服务设施等领域。

经分析，这些 PPP 项目的特点表现在:市场化程度高、投资规模需求大、具有长期稳定的需求，并且长期合同关系明确。

二是投资 PPP 项目公司。在不直接投资 PPP 项目的情况下，PPP 基金还有一种支持 PPP 项目的方法，即以股权投资的方式对 PPP 项目公司进行投资。

经分析，PPP 基金投资 PPP 项目的优点在于：一方面回报率较高，另一方面可以分散风险并一次性投资多个 PPP 项目。

第二，科学的基金管理机制。PPP 基金管理分为参与项目运营管理及不参与项目运营管理。基金公司是否参与基金管理，主要取决于：基金投资占

PPP 项目投资的比例；项目运营结果与预测之间的偏离；项目收益的分配方式与顺序以及项目运作的规范性等。

专业人士认为，基金参与管理主要因为 PPP 项目运作复杂、专业性强，而且行业集中度高，基金公司在其中可以进行运作与协调。这样有利于 PPP 项目的运行。PPP 基金管理机制重点应建立项目筛选、审核和基金拨付机制。（下文将有专门案例进行阐述）

通常来说，基金管理体系由基金经理、投资决策委员会、基金管理公司、风险监控委员会、托管银行等组成。

以河南省总规模为 50 亿元的《河南省 PPP 开发性基金设立方案》为例。其方案明确了基金规模、投资范围、支持形式、基金管理等重要内容。基金设立后，基金将主要通过资本支持和技术援助两种形式对河南省的 PPP 项目给予支持，包括运用 PPP 模式改造的存量项目和新增项目。

方案显示，基金将按照优惠的资金成本给 PPP 项目提供资本支持。对于新增项目，基金按照项目公司中政府出资部分的 30% 给予资本金支持，总投资在 10 亿元以下的单个项目最高支持 2000 万元，总投资超过 10 亿元的项目最高支持 5000 万元；对于存量项目采用 PPP 模式改造的，基金按不超过项目总投资的 5%~10% 给予支持，最高不超过 5000 万元。基金采用股权为主方式投入 PPP 项目。

基金投资将按照市场化规则决策。投资决策委员会由基金管理人和投资人按照出资比例组建。在基金设计总框架内，投资决策委员会按照市场化规则决定投放项目。

第三，设计合理的回报机制。为增强各类基金投向 PPP 项目的积极性，明确基金的回报机制是非常必要的。

根据 PPP 项目的类型不同，基金的回报也有所不同：一、针对经营性项目，主要由商品或者服务的使用者付费，供电、供水等即属于此类项目；二、针对准经营性项目：为解决使用者付费不足问题，政府会通过可行性缺口补助给与补贴收入，污水处理即属于此项目；三、针对公益性项目，由政府的资产购买服务，需要政府支付服务费用或购买资产。

业内人士建议，依据现有政策，应以项目经营性现金流作为基金还款的主要来源；当项目收益无法覆盖本金和回报时，可将政府购买服务的费用纳入还款来源。同时，依据基金构成，可采取优先与劣后的形式，将其他投资人作为优先级，政府出资人作为劣后级，优先保障其他投资人权益，以增强基金筹资吸引力。

笔者认为，上述对基金回报机制的设置是非常科学的，既考虑到了政府、社会资本、基金之间的利益诉求，也对基金积极参与 PPP 项目作了很好的制度安排：其一，有着较好的经营性的现金流是基金参与 PPP 项目的重要原因，所以，经营性的现金流是重点；其二，政府购买服务是基金参与 PPP 项目的另一重要原因，这与地方政府的财政收入、信用等指标息息相关；其三，在政府、基金等共同参与 PPP 项目的情况下，虽然政府、基金等都是 PPP 项目的主体，相对而言，从 PPP 项目的本质来说，PPP 项目仍是属于基础设施和公共事业，是缓解地方政府财务压力的重要手段，将其他人作为优先级、政府出资人作为劣后级，从增强基金筹资吸引力的角度，这种安排还是合理的。

第四，完善的退出机制。笔者认为，无论是公募基金还是私募基金，退出机制是与投资风险、回报机制同等重要的问题。实际上，PPP 项目的投资期限一般都在 20~30 年之间，因此，有效的退出渠道可以避免较大风险。鉴于基金对退出机制要求较高，一般会要求在 PPP 全生命周期（指项目从设计、融资、建造、运营、维护至终止移交的完整周期）的前段时间退出。

具体来说，在基金到期的情况下，由社会投资人优先回购基金股权或适当考虑由政府方回购基金股权。

第五，加强风险控制。在风险管控方面，产业投资基金风险主要有政策风险、经济周期风险等。

基金投资的基建类项目收益的实现依赖于 PPP 项目建成后的实际运营情况，这与普通的 PPP 项目风险并无二致，前文已有论述，在此不再赘述。

需要说明的是，为了防范各类风险，PPP 基金在风险管制的制度、组织形式方面都有着严苛的标准。

如《江苏省 PPP 融资支持基金实施办法》（试行）规定，基金坚持市场化运作。借助金融机构多元化的投融资服务和项目管理经验，按市场化原则运作，强化风险管控，规范 PPP 融资支持基金的投向使用，加大对重点项目的支持力度。基金管理机构应加强项目运营情况跟踪督查，发现异常情况，及时向子基金项目审委会报告。针对项目情况，项目审委会可根据基金管理机构的建议，表决项目投资期限延长或缩短。基金将遵循分散配置原则，投资于省内多个 PPP 项目，控制单个项目投资规模，以达到分散风险和带动社会资本的双重作用。按照收益共享、风险共担的原则，如投资项目失败，首先由基金管理机构承担 10% 的损失（最多不超过子基金管理费的两倍），其次，由省财政、市或县财政以子基金的出资金额承担风险，项目的剩余损失由其他出资人在出资金额内按比例承担。

又如《四川省 PPP 投资引导基金管理办法》规定，托管银行依据托管协议约定负责账户管理、资产保管、监督管理、资金清算、会计核算等日常业务，对资金安全实施动态监管。PPP 基金在运营过程中出现下列情况之一时，应当终止运营并清算：（一）代表 50% 以上基金份额的股东或合伙人要求终止并经股东会或合伙人会议决议通过。（二）PPP 基金发生重大亏损、无力继续经营。（三）PPP 基金出现重大违法违规行为、被管理机关责令终止。

此外，PPP 基金管理公司对运营管理的基金实行分账核算，对自有资产与基金资产实行分块管理，严格内部风险控制。基金托管银行应于会计年度结束 1 个月内，分别向基金管理公司和受托管理机构报送上年度资金托管报告。托管银行发现资金异动应及时报告。基金管理公司应于会计年度结束 3 个月内，向受托管理机构和其他出资人分别提交基金年度运行情况报告和经社会审计机构审计的年度会计报告。PPP 基金不得从事抵押、股票、期货、债券、商业性房地产等投资活动；不得列支对外赞助、捐赠等支出；不得从事国家法律法规明确的禁止性业务。

科学运作 PPP 模式下的产业投资基金

按照我国《产业投资基金管理暂行办法》，产业投资基金（或简称产业基金）是指一种对未上市企业进行股权投资和提供经营管理服务的利益共享、风险共担的集合投资制度，即通过向多数投资者发行基金份额设立基金公司，由基金公司自任基金管理人或另行委托基金管理人管理基金资产，委托基金托管人托管基金资产，从事创业投资、企业重组投资和基础设施投资等实业投资。

根据产业投资基金的法律实体的不同，产业投资基金的组织形式可分为公司型、契约型和有限合伙型。

具体来说，公司型产业投资基金是依据公司法成立的法人实体，通过募集股份将集中起来的资金进行投资。契约型产业投资基金一般采用资管计划、信托和私募基金的形式，投资者作为信托、资管等契约的当事人和产业投资基金的受益者，一般不参与管理决策。契约型产业投资基金不是法人，必须委托基金管理公司管理运作基金资产，所有权和经营权分离，有利于产业投资基金进行长期稳定的运作。有限合伙型产业基金由普通合伙人（GeneralPartner，GP）和有限合伙人（LimitedPartner，LP）组成。普通合伙人通常是资深的基金管理人或运营管理人，负责有限合伙基金的投资，一般在有限合伙基金的资本中占有很小的份额。

PPP 项目引入产业投资基金具有重要的现实意义：

第一，缓解地方财政投入不足，拓宽 PPP 项目融资渠道。

2014 年 10 月 2 日，国务院发布《国务院关于加强地方政府性债务管理的意见》（简称 43 号文），明确提出“剥离融资平台公司政府融资职能，融资平台公司不得新增政府债务”。在此背景下，引入 PPP 产业基金可在一定程度上缓解地方财政投入不足与基础建设和公用事业投资建设融资缺口之间的矛盾。以新建类项目为例，政府可以发起母基金，吸引银行、保险等金融机构和实业资本提供项目建设所需要的资金，解决建设资金不足的问题。

在实践中，很多省、市财政投入启动资金，引入金融资本成立产业投资基金。

第二，与传统银行贷款相比，产业基金具有门槛低、效率高、资金量充裕的优点。

采用 PPP 产业基金募集项目建设资金拓宽了金融投资者的投资渠道，可以充分利用社会闲置资金，积少成多。

第三，发挥专家技术管理优势，改善 PPP 项目治理模式。

依据我国《会计准则》的有关规定，PPP 产业基金在单一项目中的投资比例一般低于 20%。作为被投资公司的少数股东，PPP 产业基金可通过所持有的股权参与被投资公司的管理，对项目的建设管理发挥一定的监督作用，从整个 PPP 项目的运作来看，也能保障 PPP 产业基金自身的风险。

专家称，PPP 产业投资基金的主要模式主要有：

模式一：由省级政府出资成立引导基金，再以此吸引银行、基金、信托等金融机构资金，合作成立产业基金母基金。各地申报的项目，经过金融机构审核后，母基金做优先级，由地方财政做劣后级，承担主要风险。

模式二：由金融机构联合地方国企发起成立有限合伙基金，一般由金融机构做 LP 优先级，地方国企或平台公司做 LP 的次级，金融机构指定的股权投资管理人做 GP。这种模式下整个融资结构是以金融机构为主导的。

模式三：由有建设运营能力的实业资本发起成立产业投资基金，该实业资本一般都具有建设运营的资质和能力，在与政府达成框架协议后，通过联合银行等金融机构成立有限合伙基金，对接 PPP 项目。

在 PPP 模式下产业投资基金的退出方式方面，鉴于产业投资基金通常都有一定的期限，而 PPP 项目的周期可能长达数十年，因此，参与 PPP 的产业投资基金一般需要多种方式退出。具体的退出方式有三种：

第一，项目清算退出。项目清算退出是指产业投资基金资金投入到 PPP 项目公司后，在 PPP 项目公司完成项目任务或阶段性投资任务后，通过项目投资公司清算或注册资本减少的方式，返还产业投资基金应当获取的股权收益，实现产业投资基金的退出。

第二，股权回购、转让。与其他公募基金、私募基金投资项目一样，股权回购、转让也是产业投资基金成功退出的方式之一。产业投资基金股权回购、转让退出是指产业投资基金资金投入 PPP 项目公司后，在 PPP 项目公司完成项目任务或阶段性投资任务后，由政府、社会资本进行股权回购；或将股权转让给政府、社会资本或其他投资者。

第三，资产证券化。资产证券化是各类基金成功退出的重要通道，其具有投资回报率高的特点。

具体对产业投资基金资产证券化退出而言，是指产业投资基金资金投入到 PPP 项目公司，在 PPP 项目运营成熟后，通过 PPP 项目公司 IPO 上市，或将 PPP 项目公司资产注入上市公司、发行资产证券化产品等资产证券化方式，获得投资收益，实现投资的退出。

以下是国内 W 科技公司发起的"城乡固废处置产业基金"方案，通过该方案可以对产业投资基金的各个方面有充分的了解，该方案具有较大的参考价值。

1. 设立方案（见表 3–1）

表 3–1　设立方案

基金名称	城乡固体废物处置 3.0 产业基金（有限合伙）
基金发起人	W 科技股份有限公司
基金管理人	W 投资管理有限公司（拟成立），其他两家 GP
基金规模	一期目标规模 5 亿元，不超 10 亿元
基金期限	3+1+1，前 3 年为投资期，第 4 年为退出期，第 5 年为退出期及清算期
投资标的	定位于中小城市垃圾、危险废物及其他固体废物的协同处理项目
退出方式	IPO 或挂牌，或者被并购，或收益分红
交易结构	GP 出资 3000 万元，剩余募集，LP 不超过 47 人
费率安排	管理费总计 2%/ 年，托管 0.1%/ 年
风控机制	单个项目占比不超过 20%，单个项目基金净值亏 30% 强制止损

2. 交易结构（见图 3-1）

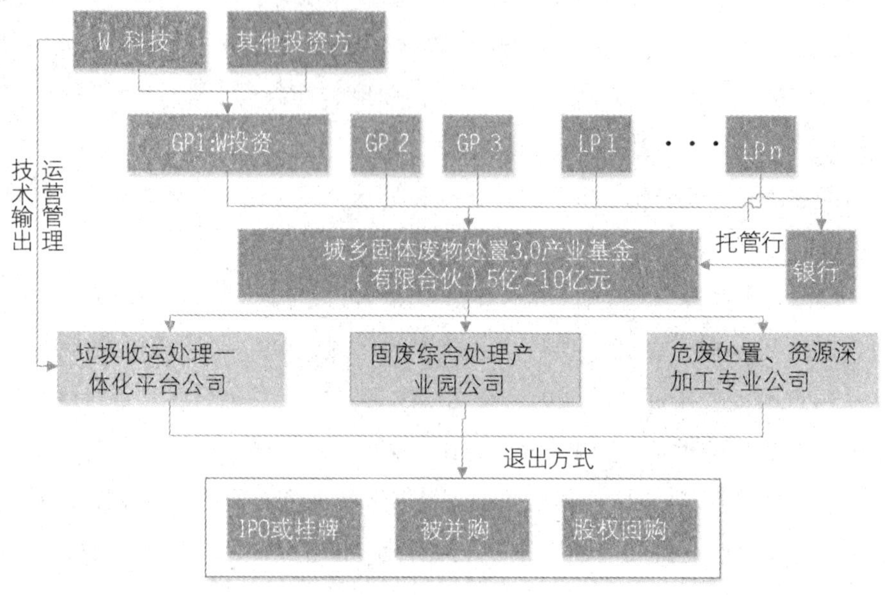

图 3-1　交易结构

3. 决策机制

◆ 该基金投资决策委员会由 5 名委员组成，实现绝对多数表决通过制；

◆ 该投决会由 W 投资牵头，整合各方资源，为基金的项目选择、投资决策、投后管理、退出等提供决策支持；

◆ 该委员会设执行委员 1 名，委员 4 名，并设基金经理 1 名，基金经理向执行委员汇报，列席投决会。

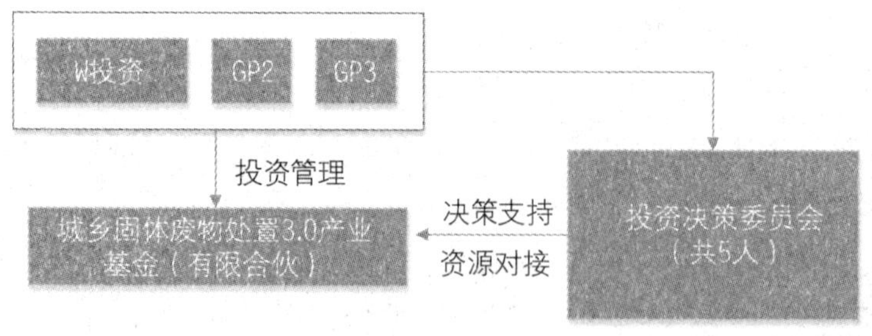

图 3-2　决策机制

4. 风控流程

项目投资决策申请

投决会确立投资方向，项目经基金经理和执行委员同意立项后，相关人员应在尽职调查基础上形成《项目投资决策申请》，连同《尽职调查报告》等提交基金经理审核。

投资会投资决策

- 原则上投资会由执行委员召集，每月召开一次，审议基金经理及执行委员所审核项目。
- 单个投资金额占基金总额20%以上（包含20%）的项目不得立项。

执行委员组织相关人员谈判

如最终谈判未能达成预期结果，应当及时报告，由基金经理报执行委员决定是否重新提请投资决策委员审议。

项目投资实施和项目管理

- 项目后续管理实行项目跟踪制。投资单个项目，累计亏损额占投入资金总额比例达到20%时，应及时由执行委员、基金经理召开项目会议，讨论应对措施；累计亏损比例达到30%时，应及时报告投资决策委员会，讨论应对措施。
- 基金通过派员参加被投资企业股东大会、董事会或监事会以及派出经营管理人员等形式参与项目基金的重大决策，并对其完成情况进行监管。

图 3-3　风控流程

5. 盈利模式

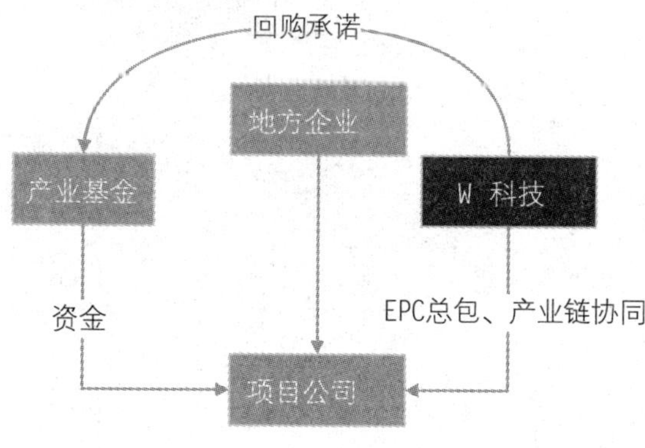

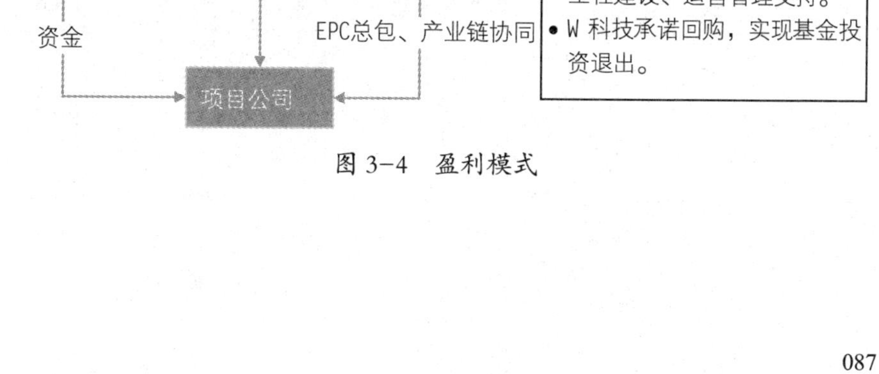

回购承诺
地方企业
产业基金
W 科技
资金
EPC总包、产业链协同
项目公司
• 筛选优质地市级或县级项目，共同组建地方项目平台。
• W 科技采用EPC总包方式，负责提供方案设计、技术装备，工程建设、运营管理支持。
• W 科技承诺回购，实现基金投资退出。

图 3-4　盈利模式

第四章

信托、资产证券化支持 PPP

作为支持基础设施建设最为重要的金融机构之一的信托公司，终于也参与到 PPP 模式中来了。

信托参与 PPP 利好颇多：其一是能够延续信政合作业务，拓宽政府投资渠道；其二是直接控制优质资产及长期稳定的现金流；其三是推动信托融资平台业务转型；其四是发掘潜在机会，探索业务创新；其五是降低募资成本，助推打破刚性兑付。

从前期酝酿到 2015 年落地，部分信托公司现在正积极探索 PPP 模式下的深度合作。

本章导读

信托深度合作 PPP 模式

信托业如何参与 PPP 的广阔市场

信托借 PPP 转型还需突破诸多障碍

资产证券化适合 PPP 模式的特点

资产证券化支持 PPP 模式的创新

信托深度合作 PPP 模式

在 PPP 模式中，社会资本借助金融机构的力量主要体现在两个方面：一是在项目建设阶段，政府鼓励和支持金融机构为 PPP 项目尤其是 PPP 示范项目提供融资；二是在运营阶段，社会资金可通过优先股参股 PPP 项目公司，还可通过发行企业债、资产证券化等方式筹集资金，从而推动 PPP 项目的落地。

2014 年 10 月 2 日，国务院发布《国务院关于加强地方政府性债务管理的意见》（简称 43 号文），明确提出将 PPP 模式作为基础设施投融资的创新方向，以规范地方政府债务管理，因而 PPP 在信托界广受关注。

2015 年 4 月，国务院发布《基础设施和公用事业特许经营管理办法》（下称《管理办法》），国家明确了鼓励和引导实施特许经营五大领域：能源、交通运输、水利、环境保护、市政工程。境内外法人或其他组织均可通过公开竞争，在一定期限（一般不超过 30 年）和范围内参与投资、建设和运营基础设施和公用事业并获得收益。

据统计，PPP 模式适宜九类项目：城市供水、供暖、供气、污水和垃圾处理、保障性安居工程、地下综合管廊、轨道交通、医疗和养老服务设施。

笔者注意到，《管理办法》在完善特许经营价格或收费机制、信贷融资支持方面给出了新举措。

研究发现，PPP 模式主要适用于投资规模相对较大、价格调整机制相对灵活透明、有稳定现金流且市场化程度相对较高的项目。相比较而言，信托拥有期限灵活、审批迅速、资金匹配度好等优势。实现 PPP 模式的“嫁接”，一方面，信托公司可以凭借丰富的股权投资经验优化 PPP 项目的识别、准备、实施过程和 PPP 项目的后期的运营和维护；另一方面，信托公司可以利用其在金融市场的优势为 PPP 项目公司提供更为完善的金融解决方案。

除此之外，信托公司在发挥自身资本优势的同时，还可以采取第三方委托管理、共同投资等方式与专业运营机构等产业资本合作参与 PPP 项目的实施。

事实上，信托一直是地方政府最为重要的融资渠道之一，其传统业务模式通常是信托公司与地方融资平台合作，以信托贷款等形式为基建项目提供资金，地方政府出具担保承诺函。这一业务模式的核心是政府的信用背书。换句话说，此前信托与政府有着良好的政信合作，这为未来信托参与政府主导下的 PPP 项目奠定了坚实的基础。

然而，国家要求剥离政府融资平台的政府融资职能，融资平台公司不得新增政府债务，政信业务也走到了不能回避的转弯路口。与其他融资模式类似的是，随着 43 号文的下发，信托公司与政府在基建领域的合作自然转向 PPP 模式，PPP 模式将是信托的优选。

业内人士认为，信托参与 PPP 利好颇多：其一是能够延续信政合作业务，拓宽政府投资渠道；其二是直接控制优质资产及长期稳定的现金流；其三是推动信托融资平台业务转型；其四是发掘潜在机会，探索业务创新；其五是降低募资成本，助推打破刚性兑付。

从前期酝酿到 2015 年落地，部分信托公司现在正积极探索 PPP 模式下的深度合作。

虽然 PPP 项目主要以微利为主，但目前新一轮 PPP 热潮已经开启，随着 PPP 法治环境的大幅改善，信托公司应当抓住机遇积极尝试，并且通过项目分红、股权回购、结构化设计等方式确保收益。

对于信托公司而言，PPP 被普遍认为存在诸多业务机会。

目前，国内信托公司正深度参与 PPP 并呈现多元化特点，形成包括直接参与项目、组建联合体、成立产业基金等。信托公司参与 PPP 项目主要模式在理论上有以下几种：

第一，权益投资方式。即信托公司发行信托计划，将所募集资金用于 PPP 项目公司，享有特许经营权、收益权等能带来稳定现金流的权益。

第二，信托贷款方式。即信托公司发行信托计划，将所募集资金用于向项目公司提供贷款，由 PPP 项目公司或公司股东提供还款来源以及担保措施。

第三，股权投资方式。即信托公司和政府、社会资本合作，共同成立

PPP项目公司，直接以股权投资的方式为PPP项目融资，通过PPP项目按入股比例分红回收投资。

这种模式对信托公司全面识别风险能力以及就风险分担机制与政府谈判能力的要求最高。且由于PPP项目期限长而收益较低的特征，信托公司可能需要撮合保险、银行等长期低成本资金开展业务。

媒体报道称，2014年6月，五矿信托与抚顺沈抚新城管委会、中建一局（集团）有限公司签订了合作框架协议，大致的规划是，由五矿信托、沈抚新城管委会、中建一局共同注资成立项目公司，注册资本在10亿元左右，其中五矿信托为项目公司控股方，投资标的为包括河道治理、土地平整、环境绿化等在内的综合性片区建设项目。政府按约定承担特许经营权、合理定价、财政补贴等相关责任，但不对债务进行兜底。

其中，信托公司扮演的角色类似于“服务总包商”，将整个项目的建设周期按不同环节进行切割，选择本身就有很强资信优势的建设商予以分包，并形成一个无缝的完整闭环。每一个“分包商”都只对自己完成的局部工程建设目标负责，包括工期及工程质量等。如若未达成目标，则需要承担较大的违约责任。

具体为五矿信托发行“基建1号投资集合资金信托计划（查询信托产品）”，计划分期募集不超过10亿元信托资金，用于与中建一局共同设立项目公司以及发放股东贷款，期限为10年。项目采取了分期发行的方式，第一期次级规模为1亿元，用于出资与中建一局共同设立项目公司。信托次级不设预期收益率，优先级拟暂设为一年9%。信托计划存续期间优先级受益人暂设为每自然季度末月20日为信托利息支付日，最后一个信托利息支付日将信托财产原状分配给次级受益人。

项目公司的董事会共3人，由五矿信托占据两席，中建一局占据一席，董事长由五矿信托委派的董事担任，董事会决议事项需全体董事三分之二的人表决通过。项目公司的印鉴及公司证照也由五矿信托委派专人保管。

这是一项标准的PPP合作模式，符合了该模式的两个核心要点：一是投资标的物为需要特许经营的政府公共项目；二是项目的整体运作框架是由信托公司提供资金，建设方承建，而政府最终对服务进行购买；政府在其中承担有限责任，不做兜底。

第四，债权投资方式。即信托公司发行信托计划募集资金，受让项目公司享有的对地方政府的债权，以政府还款为信托收益第一来源。

第五，间接融资方式。除直接参与 PPP 模式，以投资方的身份参与基础设施建设、运行 PPP 项目，信托公司为 PPP 项目中的某一建设方提供融资也不失为间接参与 PPP 的一种可行方式。

第六，借道产业基金方式。除直接参与 PPP 项目外，一些信托公司通过借道 PPP 产业基金来参与基建投资。比如像中航信托与四川省投资集团有限责任公司共同发起设立四川省第一只省级 PPP 投资基金，并通过设立股权投资基金形式直接参与管理四川省 PPP 投资基金业务。中航信托作为管理人中标成都市的一家医院迁建 PPP 项目，直接参与主动管理。

2015 年 5 月，建信信托与绿地控股集团、上海建工集团决定共同投资中国城市轨道交通 PPP 产业基金。据悉，上述三家公司将组建一家基金管理公司，担任上述轨道交通 PPP 基金的普通合伙人和管理人。该基金总规模为 1000 亿元人民币，首期规模为 240 亿元，投资范围为 PPP 项目库及政府统一采购的轨道交通与城市基础设施建设项目，且主要考虑省会城市及有一定条件的地级市。

信托业如何参与 PPP 的广阔市场

随着各地继续推出 PPP 项目，PPP 的总投资额仍呈增长态势。到目前为止，公布 PPP 项目的省级政府近半数，包括北京、重庆、江苏、福建、安徽、吉林、湖南、四川、河南、浙江、江西、辽宁、贵州等，已公布的 PPP 项目计划投资额约 3 万亿元，主要集中在交通、城市基础设施和公用事业领域。

目前中国城镇化率为 53.6%，预计 2020 年将达到 60%，由此带来的投资需求或将达 42 万亿元。随着中国城镇化巨大的上升空间，PPP 的运营空间也会带来万亿元投资市场。

伴随着多重利好的出现，未来各路社会资本参与 PPP 项目具有广阔前景。因为基建类项目投资规模大、运营周期长、所涉利益主体众多，PPP 模式决定了将为资管机构尤其是金融机构带来巨大的业务投入空间。另一方面，PPP 这个大市场不仅对传统的投融资公司是个巨大的机会，对信托、基金等同样也是一大利好。主要表现在显著提升金融机构综合金融服务的专业化水平，同时给金融机构带来巨大的附加价值。

信托作为地方政府最重要的融资渠道之一，开始尝试用新的业务方式来参与方兴未艾的 PPP 模式。

作为基建领域最为重要的融资渠道之一，信托公司开始发力 PPP 业务。2015 年下半年以来，已有多家信托公司通过直接参与、成立产业基金、担任 PPP 基金管理人等多种方式参与 PPP 项目，对 PPP 模式信托公司的热情逐步增加。

资料显示，2013 年在 68 家信托公司中，基础产业类信托规模在整体规模中占比超过 30% 的有 24 家，其中英大信托、爱建信托、紫金信托、万向信托占比超过 50%；陆家嘴信托、新华信托、苏州信托、中信信托占比超过 40%。

来自唐山市政府网站的公告显示，中信信托参与的一单 PPP 业务为“2016 唐山世界园艺博览会基础设施及配套项目”。该项目是河北省政府首批 PPP 示范项目，总投入约 33.63 亿元，引入社会资本 6.08 亿元。

据了解，该项目“已完成资格预审和竞争性磋商等政府采购流程，我市（唐山市）首个 PPP 典型示范项目成功落户”。该项目由政府和社会资本按照股权比例注资，成立项目公司，具体负责唐山世园会基础设施项目的建设和运营。项目合作期限为 15 年，社会资本固定投资收益不高于 8%，收益来源为项目运营收益，不足部分由政府安排运营补贴。项目到期政府指定专门机构对社会资本股权原值回购。

上述信托计划的基本交易结构为：中信信托作为委托人募集资金成立唐山世园会 PPP 项目投资集合资金信托计划，并与唐山市政府出资机构共同设立项目公司，信托方面持股 60%，而唐山市政府方面则持股 40%。

中信信托方面表示，参与该项目主要基于三方面考虑：一是认可唐山市目前在河北省乃至全国的经济地位以及“京津冀一体化”背景下的发展机遇；二是唐山市政府为该项目的实施给予了大力支持，政策配套和执行推动效率很高；三是通过世园会 PPP 项目，中信信托将与唐山市进一步建立长期合作关系。

该项目公司持有唐山 2016 世园会园区资产及特许经营权，并将进一步引进外部机构资金，完成建设并实现收益按股权分配后即用以作为信托计划投资人收益。

按照相关规划，经唐山市人民政府批准，政府与社会资本共同组建项目公司，对项目融资、建设、运营维护管理和资产管理全过程负责，政府依据相关法律法规在融资、建设、运营过程中给予相关支持和财政补贴。

中信信托相关负责人认为，由于世园会 PPP 项目是带有公益性质的准经营性项目，政府支付一定的财政补贴弥补可行性缺口以实现社会资本的合理回报,符合 PPP 相关政策的操作模式。未来唐山市拟以“园艺博览会项目”为切入点，借助中信集团的综合资源，后续与中信信托就唐山市供水、供热、垃圾处理等 PPP 项目开展一系列深度合作。

以基金方式运作 PPP 项目被业内人士认为是信托公司参与 PPP 的发展方向之一。

2015 年 12 月，中信信托正式运作宁波 PPP 投资基金，这是采用有限合伙模式，中信信托等基金管理机构作为普通合伙人，募集的其他社会资本则为优先级有限合伙人参与项目。

中信信托与宁波市政府签署《宁波市 PPP 投资基金项目合作协议》，双方组建管理公司，正式运作宁波 PPP 投资基金。该基金为股权型基金，通过股权投资为标的项目引进社会资本提供融资，取得回报。基金总规模预计为人民币 250 亿元,投资期限为 15 年,投资于经宁波市政府批准的 PPP 项目。

据悉，该 PPP 由宁波市财政发起，采用有限合伙形式，中信信托等基金管理机构作为普通合伙人，募集的其他社会资本则为优先级有限合伙人参与项目。基金管理机构承诺按基金规模的 3% 出资。

除了中信信托外，多家信托公司也在PPP领域大有收获，已完成了对PPP领域的“开疆拓土”。

中建投信托公司与中国十九冶集团共同出资设立项目公司，中建投占股90%，中国十九冶集团占股10%。项目公司成立后，将通过设立产业基金的模式引入外部资金，产业基金优先级部分由集合信托计划认购，享受固定收益；产业基金的劣后级由中国十九冶集团认购。

紫金信托与江苏信托中标江苏省PPP融资支持基金中，二者则以基金管理人的身份参与PPP项目。

在2015年11月举行的江苏PPP融资支持基金管理机构评审项目公开招标会上，紫金信托成为5家基金管理人之一，受托管理基金规模达20亿元，管理期限为10年。

专业调查还显示，随着PPP模式的持续火热，PPP模式受到不少信托公司的青睐。其中，发力资产证券化的信托公司居多；其次以PPP模式重回基础设施建设、房地产基金化；其余则比较分散。

有信托公司负责人指出，企业资产证券化将作为未来公司的战略重心。中国大部分优质企业的资产沉淀在账本上，依托信托的灵活性，可以让这些资产流动起来。相比于信贷资产证券化，信托做企业资产证券化更有优势，其对产品结构设计、风控设计的经验都可与其他金融机构媲美；且PPP业务待开发市场的区域很广，有充足资产作保障，业务风险相对变小，可以说资产证券化业务在信托业务中风险最小。

信托借PPP转型还需突破诸多障碍

2015年上半年，国内近三成信托公司盈利呈下降趋势。来自中国信托业协会的数据显示，2015年一季度，信托资金投向基建领域的比例沿袭2014年以来的下降趋势，占比仅为20.75%，而在信政合作业务火爆的2010年，这一比例达40.16%。

以国内 Z 信托公司为例。Z 信托公司主营业务主要有两部分，分别是政信业务和基础产业类投资。其 2014 年年报显示，Z 信托实现全年净利润增长 9.05%，2013 年全年增长 21.27%，增长速度明显放缓。2015 年上半年，Z 信托净利润为 3.25 亿元，同比下降 36.13%；营业收入为 6.67 亿元，同比下降 15.45%；净资产收益率为 6.98%，去年同期为 11.16%，下降明显。对此，Z 信托公司相关负责人表示，市场的变化导致政信业务缩量明显，通道业务也受到影响。宏观经济下行、混业经营竞争压力增大，信托业处在转型的阵痛期。

所谓“市场的变化”，即主要是随着国务院 43 号文的下发，国家积极引入 PPP 模式，鼓励和吸引社会资本以合资、独资、特许经营、承包等方式参与基建投资。国家要求剥离政府融资平台的政府融资职能，融资平台公司不得新增政府债务，政信业务面临着新的挑战。

据统计，目前全国各省推出的 PPP 项目大约为一千八百多个，总投资达到 3.4 万亿元。

财政部在《地方政府存量债务纳入预算管理清理甄别办法》中指出，对融资平台存量项目适合采用 PPP 的项目，要优先通过 PPP 模式融资。地方政府融资平台项目采用的 PPP 模式融资正在加速推进。

在 PPP 模式之前政信合作信托一直扮演着重要的角色，如今到了改变的时候，即信托从传统的政信合作转向 PPP 模式。也就是说，信托到了借助 PPP 模式转型的时候。

PPP 模式是由政府负责基础设施及公共服务的规划和质量监督，由社会资本承担设计、建设、运营、维护基础设施。而传统的政信信托就是信托公司与各级政府在基础设施、民生工程等领域开展的合作业务。从这一点来说，从传统的政信合作转向 PPP 模式信托具有天然的优势。

专家也表示，信托公司参与 PPP 模式运作有其自身优势，基础设施信托在信托业务中的占比一直稳居前列。在与地方政府的长期合作中，信托公司积累了经验、人脉和项目储备，专业能力也得到提升。因此，无论从专业性、规范性还是融资能力等方面考量，信托公司通过 PPP 模式与地方政府合作，可能比其他金融机构更有优势。作为信托公司的主要投资方向之一，PPP 不失为政信信托转型和创新契机。

基于政府背景和 PPP 的万亿元市场的诱惑，国内多家信托公司悄然试水抢滩 PPP 项目。从 2015 年以来，信托公司参与 PPP 项目的呼声日益较高，多家信托公司都表示将 PPP 作为转型的主要方向。

不过，信托要真正实现转型，还存在着不少的障碍。对于信托公司而言，参与 PPP 业务并非易事。这主要表现在与庞大的市场需求相比，信托公司对 PPP 项目本身现金流、地方政府信用等方面的多重顾虑使其在 PPP 领域的拓展并不如外界所期待的那样“迅速”。

从公开信息来看，已成功在 PPP 项目中引入信托资金的公司并不尽如人意。从 2015 年 GDP 增速较快的省份的 PPP 项目招标公告来看，在金融机构中，除银行较常出现外，鲜见其他金融机构的身影。而一向被认为是 PPP 项目最合适的参与方的信托公司在招投标公告中罕见。

研究显示，信托参与 PPP 项目存在诸多障碍。

第一，资金成本问题。由于信托资金成本较高，信托如果以股权投资形式参与 PPP 项目，必然是追求高回报，这与 PPP 项目本身“盈利不暴利”的特点不一致。而信托如果以债权形式参与 PPP 项目，则无法与低成本的银行贷款相比。

招商证券研报认为，相比银行和券商，信托公司的资金成本比较高，在公益性或准公益性的 PPP 项目中很难找到成本和收益相匹配的项目。

据悉，某大型信托公司因为资金成本问题与一单 PPP 项目失之交臂。这家信托公司原来打算参与西南某省的一个城市轨道交通建设项目，这也是财政部首批 PPP 模式试点项目。在某大型信托公司参与这个城市轨道交通建设项目竞争后，遭到包括国有大银行在内的众多金融机构“抢食”。主要原因：一是这个项目是财政部的试点项目，二是城市轨道交通现金流稳定，属于 PPP 项目中的“香饽饽”。

随着谈判的深入，某大型信托公司发现困难重重，最大的一个难点在于融资方提出融资期限近 10 年、8.5% 的融资成本，而有些银行的贷款价格更低。尽管当地政府最初有意与某大型信托公司合作，但最终还是选择资金成本更低的银行。

第二，收益问题。信托业人士表示，PPP 项目一般周期比较长，技术性风险较大，收益也不一定有保证。他们虽曾研究过投资 PPP 项目的可行性，但最终未行动。

以 2015 年 7 月中信信托参与投资的 PPP 项目为例，该信托计划名为“唐山世园会 PPP 项目投资集合资金信托计划”，为“2016 唐山世界园艺博览会基础设施及配套项目”提供资金支持。该项目社会资本预期投资回报率为 8%。

对于为何选择投资唐山园博会这一 PPP 项目，中信信托强调“补贴”这一因素。有业内人士称，比起该项目本身的盈利性，唐山市政府承诺将收益不足部分予以补贴，或许是中信选择投资这一项目的重要考量。企业通过获取经营收入和一定的财政补贴，取得了合理的投资回报，各方实现共赢。

第三，履约风险。由于 PPP 模式在操作层面的法律法规还不完善，信托参与 PPP 模式大规模复制的条件还不成熟。此外，PPP 模式与经前的政信合作不同，脱离了地方政府担保性，收益要看后期的经营情况。除履约风险外，包括信托公司在内的金融机构参与 PPP 还面临诸多风险，如项目建设风险、项目经营管理风险、增信措施落实风险、政策风险、财政可承受能力风险、信用风险、财务风险等。因此，从客观环境上需要政府方面出台政策细则以打消信托对政府履责能力的担忧。而作为参与 PPP 项目的重要主体，信托公司需要进一步创新。根据 PPP 的实践经验，PPP 项目更多是微利或不盈利的基础项目，各个参与方都还处在政策磨合期。信托公司参与 PPP 项目应该积极试点，积累经验。

资产证券化适合 PPP 模式的特点

基于 PPP 项目较为稳定的现金流，资产证券化被认为是未来发展 PPP 项目的主要研究方向。

资产证券化的常见的资产类别包括金融机构信贷资产、企业债权资产、企业收益权资产、企业不动产等四大类。如企业收益权包括市政水电气收费权、路桥收益权以及 PPP 收益权等。

据专业机构统计，截至 2014 年 10 月，国内发行的资产支持证券（ABS）总规模达到 2000 亿元，约是 2013 年同期的 9 倍，占债券市场的 1%，占 GDP 的 0.5%。相比而言，美国资产证券化规模已超 10 万亿美元，约占债券市场规模的 28%，约占 GDP 的 60%。

不仅如此，我国目前开展的资产证券化产品主要以一般企业的应收账款、租金为主，涉足 PPP 项目很少。

针对 PPP 项目融资以及 PPP 项目投资后的资本流动性不足等问题，应大力发展 PPP 项目资产证券化，将 PPP 项目资产证券化打造成加速 PPP 项目落地和 PPP 模式发展的重要引擎。

我国证监会在 2014 年发布公告取消了资产证券化业务的行政审批，并开始实行资产证券化的资产负面清单制度。2015 年 1 月，基金业协会发布《资产证券化业务基础资产负面清单指引》，对不适宜采用资产证券化业务形式或者不符合资产证券化业务监管要求的基础资产进行列明。该负面清单明确了基础资产筛选的消极标准，其中之一是债务人是地方政府以及地方政府设立的融资平台公司的资产，例如以政府作为还款来源的各类 BT 项目，但 PPP 模式除外，从中可以发现国家对 PPP 模式资产证券化的倡导和大力支持。

能够被证券化的基础资产必须是能够产生独立、可预测、持续、稳定的现金流的特定化的单项或多项财产或权利。资产证券化业务是指以基础资产所产生的现金流为偿付支持，通过结构化等方式进行信用增级，在此基础上发行资产支持证券的业务活动。

据专业研究机构研究显示，由于 PPP 模式具有诸多特点，因此，资产证券化是一种非常安全的融资方式。主要原因有：

首先，PPP 项目多是公共基础设施项目，受众面较广，价格稳定，现金流稳定。

PPP 模式下的项目收入来源主要有三种：一是完全经营性的资产经营收入，如供水项目；二是准经营性收入，如在污水处理、垃圾处理等项目中，政府通过补贴的方式来保障项目财务的可行性；三是公益性资产获取政府的资产服务购买收入。而 PPP 资产证券化是指以项目未来收益权或特许经营权为保证的一种融资方式，因此，资产证券化主要适合经营性项目和准经营性项目。

严格来说，资产证券化的对象就是基础资产。一般而言，资产是指由企业过去经营交易或各项事项形成的，由企业拥有或控制的，预期会给企业带来经济利益的资源。资产证券化对资产的核心要求是持续产生稳定的现金流。这与 PPP 项目产生持续稳定的现金流的特点一致。

各地公布的鼓励社会资本参与的 PPP 项目涵盖了城市供水、供暖、供气、污水和垃圾处理、保障性安居工程、地下综合管廊、轨道交通、医疗和养老服务设施等项目，这些项目的收费机制比较透明，一般都具有稳定的现金流，为今后的资产证券化提供了可能。

其次，项目安全性高，公共基础设施项目资产良好，政府和社会资本合理分配风险。

最后，在项目开始前可以对项目进行充分调查和财务测算，现金流可以很好地被预测。

以笔者操作过的一起水务 PPP 项目为例。某县城区水源建设及供水项目主体工程投资额度约 5 亿元，自来水厂迁扩建工程投资额度约 1.5 亿元，县城河道整治及周边开发项目规模约 3.5 亿元。项目总投资规模约 10 亿元。

现金流及净现值分析：净现值是指特定项目未来现金流入的现值与未

来现金流出的现值之间的差额，它是评价项目是否可行的最重要指标。按照这种方法，所有未来现金流入和流出都要用资本成本折算现值，如果净现值为正数，表明投资报酬率大于资本成本，该项目可以增加股东财富，应予采纳。

经项目财务分析，该项目运营前两年分别短缺 237.72 万元和 137.51 万元，需要增加股权资本，此后年份公司可以满足还款需求并有一定的留存收益。

在资本成本为 10% 的前提下，公司财务净现值为 10,104.14 万元，静态投资回收期为 5.66 年，项目具有较强的盈利性。

资产证券化支持 PPP 模式的创新

资产证券化在一些国家的运用非常普遍。资产证券化是通过在资本市场和货币市场发行证券筹资的一种直接融资方式。目前美国一半以上的住房抵押贷款、四分之三以上的汽车贷款是靠发行资产证券提供的。

统计数据显示，我国自企业资产证券化产品实施备案制以来，2015 年完成基金业协会备案的资产支持专项计划共计 97 单，总金额达到 975.66 亿元。从基础资产类型来看，主要涵盖小额信贷资产、融资租赁债权、供热、供水收费收益权、高速公路通行费收费收益权、信托受益权、应收账款、BSP 票款债权、污水处理收费收益权、保理融资债权等。从备案产品数量来看，以租赁债权为基础的资产，共 34 单，占比 35.05%；以小额贷款为基础的资产，共 18 单，占比 18.56%；以市政水、热、电收费权为基础的资产，共 14 单，占比达到 14.43%。

从以上数据可以发现，涉及 PPP 项目（市政水、热、电）的资产证券化项目还有很大的提升空间。

将缺乏流动性、但具有可预期收入的资产通过在资本市场上发行证券的方式予以出售，以获取融资，以最大化提高资产的流动性。只有增强投入 PPP 项目资本的流动性，社会资本才会积极进入。

深入研究 PPP 模式的特点，结合资产证券化，发现可以将 PPP 项目投资所形成的收益或现金流变成可投资的工具，形成可以上市交易的证券化产品。

近几年我国在 PPP 模式推广方面做了大量切实有效的工作，为 PPP 项目的资产证券化奠定了坚实的基础。

第一，在法律层面。随着《政府采购法》、《预算法》、《特许经营法》等法律的颁布与修订，为 PPP 模式创造了良好的法律基础。

第二，在项目层面。PPP 合同、特许经营协议构成了完整而清晰的法律结构，PPP 项目公司的运作模式也日臻成熟，政府、社会资本和金融机构之间的权利与义务关系更加规范。

第三，在履约层面。随着政府补贴力度加大、保底量承诺、地方人大出具财务预算报告等，提高了基础资产的完整性和规范性，这对实现资产的自由流动大有裨益。

权威专家认为，将 PPP 项目资产证券化作为 PPP 金融发展的重要内容。针对 PPP 项目融资以及 PPP 项目投资后的资本流动性不足等问题，应大力发展 PPP 项目资产证券化，将 PPP 项目资产证券化打造成加速 PPP 项目落地和 PPP 模式发展的重要引擎。

一是加快发展 PPP 项目资产证券化为 PPP 项目融资。对于能产生稳定现金流的 PPP 项目，鼓励先行先试，对 PPP 项目进行资产证券化。对准公益性和公益性的 PPP 项目，鼓励开展大型、一体化的 PPP 项目，形成跨领域的收益项目，为打包项目资产做支撑。

二是提高 PPP 项目资产证券化后的资本流动性。提高社会资本参与 PPP 项目的积极性，不仅需要 PPP 项目满足社会资本参与的理性条件，即收益、成本、责任与风险要求，还需要提高资本的流动性，只有能退出，才会有积极进入。

推进 PPP 模式发展，PPP 项目投资所形成的收益或现金流变成可投资的工具，形成可以上市交易的证券化产品，增强资本的流动性，让社会资本把握机会收益，提高收益水平和投资的安全性，也方便由其他社会资本参与方回购股权。

三是加快 PPP 项目资产证券化相关的金融工具创新。如可以在 PPP 项目贷款基础上，开发出期限、利率不同的组合贷款产品，全程参与 PPP 项目的融资服务，并结合 PPP 项目的稳定现金流推出项目收益债。可以根据 PPP 项目现金流的特征，设计成合适的资产证券化产品，通过恰当的结构化设计使其满足不同风险偏好的投资者的需求。

四是加快 PPP 项目资产证券化的相关制度创新。围绕 PPP 项目资产证券化所需要的条件，加快建立和完善 PPP 项目资产评估和信用评级等相关制度。与此同时，对公共服务加快价格改革步伐，为 PPP 项目开展资产证券化营造良好的环境。

在实践中，金融机构可以通过资产证券化、资管计划以及另类投资等方式参与 PPP 项目。

以证券公司为例。证券公司通过成立资产支持专项计划，对有稳定现金流的 PPP 项目进行证券化，为 PPP 项目融资。

公开信息显示，民族证券成立“濮阳供水收费收益权资产支持专项计划”，通过设立资产支持专项计划（SPV），发行 1~5 年不等的五档优先级资产支持证券，所得收入用于购买濮阳市自来水公司的供水合同收益权，投资者收益来源于濮阳市自来水公司的供水收费，并由濮阳市自来水公司担任差额补足义务人，在现金流不足以支付投资者本息时承担差额补足义务，此类项目为 PPP 项目的资产证券化提供了良好的解决方案。

PPP 模式方兴未艾，未来几年将释放出数万亿元的资金需求。因此，PPP 项目也已经成为继地方融资平台之后商业银行的又一大贷款投向。

研究发现，作为目前 PPP 项目中社会资本方融资最多的金融机构之一的银行，其参与 PPP 项目的资产证券化热情颇高，主要原因在于：虽然银行对未来能产生现金流的 PPP 项目贷款，但仍面临一些困境，PPP 项目的实际资金需求与银行各类资金在期限上存在一定的错配；银行对 PPP 项目资本金比例要求较高，而且需要提供抵押、担保，社会资本融资成本较高。从笔者实践来看，对于十亿元甚至几十亿元的项目，社会资本很难满足银行有关抵押和担保的要求，对于看中的 PPP 项目只能是“望洋兴叹”，等等。

而银行参与 PPP 项目主要有以下几种方式：一是可以通过信托等通道，

用表外资金购买 PPP 资产证券化产品；二是银行非银业务部门参与 PPP 资产证券化的产品设计和承销。

近年来,我国积极推广 PPP 模式,取得了一定的成绩,但融资重银行贷款,轻其他金融工具的问题还没有得到根本性的改变。

虽然目前我国 PPP 项目资产证券化产品还存在诸多问题，比如 PPP 项目流动性较差、收费期长风险较大。但随着 PPP 模式的大发展，PPP 法律体系的不断健全，政府、社会资本和金融机构的不断努力，资产证券化产品会不断推陈出新，PPP 项目资产证券化业务会得到长足的发展。

第五章

多层次资本市场助力 PPP

经过二十余年的发展，我国资本市场基本构架已经从单一走向了多层次。发展多层次资本市场体系的意义在于，能够为不同发展阶段的企业提供多元化的融资渠道，并最大限度地提高市场效率与风险控制能力。

对 PPP 项目而言，随着多层次资本市场的逐步建设，将迎来融资的大好机遇。

本章导读

多层次资本市场是未来发展的方向

注册制加快企业上市步伐

新三板迎来飞跃式发展

新三板距离纳斯达克到底有多远

新三板转板的重点

成本重是上市企业难以承受之重

多层次资本市场是未来发展的方向

经过多年发展，我国多层次资本市场已初步形成，目前主要分为以下几个层次：主板市场、中小板市场、创业板市场、新三板市场和地方股权交易市场。

其中，各级市场的主要任务和特点分别为：主板市场服务于行业龙头、大型和骨干型企业；中小板和创业板市场服务于成长期具有自主创新能力的企业；而以全国中小企业股份转让系统（简称新三板市场）和地方股权交易中心（简称四板市场）为主体的场外市场主要服务于成长初期的小微企业。

研究显示，与发达国家成熟资本市场层次多样、板块有效连通互动的情况相比，我国资本市场由于建立的时间并不长，呈现“倒三角形”的不合理结构。目前我国A股上市公司共计两千多家，其中主板约一千四百多家，中小板约七百多家，创业板约三百多家；而场外市场尚处于初创阶段，存在挂牌企业少、融资量少和交易冷淡等主要问题。

加快发展层次合理、多层次资本市场成为我国重要的发展方向。

事实上，我国一直在建设多层次资本市场体系建设。“多层次资本市场”这一概念最早在2003年提出。2004年增设中小板，2009年增设创业板，2012年成立被称为“新三板”的全国中小企业股份转让系统。

加快发展多层次资本市场是党中央、国务院根据新时期的需要而做出的重要战略部署。党的十八大报告提出，深化金融体制改革，健全促进宏观经济稳定、支持实体经济发展的现代金融体系，加快发展多层次资本市场。

2014年5月，作为资本市场发展顶层设计和全面深化改革总纲领的“新国九条”面世。国务院《关于进一步促进资本市场健康发展的若干意见》（国发〔2014〕17号，下称《意见》）对新时期资本市场改革、开放、发展及监管等方面作出统筹规划和总体部署。

《意见》分为总体要求、发展多层次股票市场、规范发展债券市场、培育私募市场、推进期货市场建设、提高证券期货服务业竞争力、扩大资本市场开放、防范和化解金融风险、营造资本市场良好发展环境等九个部分，全面涵盖我国市场下一阶段改革发展工作的各个方面。

《意见》明确指出，未来一个时期我国资本市场改革发展的主要任务是：加快建设多渠道、广覆盖、严监管、高效率的股权市场，规范发展债券市场，拓展期货市场，着力优化市场体系结构、运行机制、基础设施和外部环境，实现发行交易方式多样、投融资工具丰富、风险管理功能完备、场内场外和公募私募协调发展。到 2020 年，基本形成结构合理、功能完善、规范透明、稳健高效、开放包容的多层次资本市场体系。

《意见》强化了资本市场在国民经济中的地位，进一步明确其发展路径，有助于护航实体经济的发展。

在实现该目标的过程中，须处理好四方面关系，即市场与政府的关系、创新发展与防范风险的关系、风险自担与强化投资者保护的关系、积极推进与稳步实施的关系。

证监会表示，《意见》对于指导当前和今后一个时期资本市场的各项工作，对统一思想认识、明确发展方向、凝聚全社会推进资本市场改革发展的共识具有重要意义，为释放改革红利、鼓励创新发展、激发市场活力、优化外部环境、夯实市场基础、加强市场监管、维护市场稳定创造更为有利的条件和政策环境。

2015 年 6 月，证监会相关负责人表示，下一步，证监会将加快多层次资本市场体系建设，推动产品创新、服务创新和业务创新，服务和完善市场功能体系，有效支撑创新驱动发展战略。要建立广覆盖、多渠道、低成本、高效率、严监管的多层次股权市场，进一步壮大主板、中小企业板市场，推进交易所市场内部分层。在上海证券交易所设立战略新兴板，与创业板错位发展。"新三板"作为全国性的证券交易场所，要充分发挥其以机构投资者为主的制度优势，场内业务与场外业务发展并重，公募与私募并举，健全小额、便捷、灵活、多元的投融资机制，全面增强服务创新型、创业型、成长型企业的能力。要规范发展区域性股权市场，使其成为投融资对接平台、政府扶持资金运用平台。

充分发挥资本市场的直接融资功能，不仅有利于降低企业融资成本，也有利于新兴行业的快速发展。

在近几年诸多的资本市场改革中，处于大发展中的新三板和即将实施的注册制无疑是最大的亮点。以新三板为代表的新融资体系建设和注册制，是近两年来我国多层次资本市场体系建设的最大进步，是典型的市场化阶段。

新三板是经国务院批准设立的全国性证券交易场所，全国中小企业股份转让系统有限责任公司为其运营管理机构。2012 年 9 月 20 日，该公司在国家工商总局注册成立，注册资本 30 亿元。上海证券交易所、深圳证券交易所、中国证券登记结算有限责任公司、上海期货交易所、中国金融期货交易所、郑州商品交易所、大连商品交易所为该公司股东单位。从 2014 年开始，新三板在短短两年多的时间里，就实现了超过 5000 家企业挂牌。不仅如此，新三板还受到企业、投资者的热捧。

关于注册制改革方面，2014 年 6 月，证监会表示，证监会正在研究股票发行注册制改革方案，计划年底之前提出具体方案。

2015 年 1 月份，证监会相关负责人指出，注册制是 2015 年资本市场改革的头等大事，是涉及市场参与主体的一项“牵牛鼻子”的系统工程；4 月下旬，第十二届全国人大常委会第十四次会议审议了《证券法》修订草案，明确实行股票发行注册制。

2015 年 12 月 27 日，国务院实施股票发行注册制改革的举措获得中国最高立法机关的修法授权，IPO 注册制自 2016 年 3 月 1 日起施行，实施期限为两年。注册制是市场走向成熟的重要标志。注册制改革仅仅是第一步，伴随未来一系列制度的优化，资本市场配置资源的效率必将逐步提升，对市场中长期的发展而言，这是重大利好。

随着多层次资本市场的加快建立，对 PPP 模式中的社会资本而言，无疑是一大利好，将为其提供更多的融资渠道，壮大其经济实力，反过来会进一步推广 PPP 模式的发展，加快 PPP 项目在我国的落地。

注册制加快企业上市步伐

近年来，注册制改革一直是资本市场关注的重点。

为什么对注册制的呼声那么高？一个重要原因在于我国目前实行的核准制存在诸多不足。研究发现，核准制存在以下几大弊端：

首先，导致过度包装。部分拟上市企业为顺利通过发审会，粉饰财务数据，对拟上市资产进行过度包装，结果导致估值偏离。

其次，出现超额募资。由于在核准制下政府控制发行规模和发行节奏，企业要实现登陆资本市场的计划，首先排队时间长，绝大多数要等待好几年，上市艰难。在此情况下，存在部分拟上市企业过度圈钱的情况。

第三，一级市场定价畸高。在核准制背景下，鉴于上市不易，而监管机构在证券发行中的主导作用使其成为上市新股的"隐性担保者"，因此，投资者往往低估投资风险，对上市企业和中介机构"合谋"报的高报价风险意识不高。

第四，权力寻租。正是由于核准制下上市不易，上市资格成为一种稀缺资源，因此，股票发行审批中容易出现权力寻租现象，这一点已成为资本市场人士的共识。

而从核准制到注册制，有着以下诸多优点：

一是带来透明信息的完备披露。在实行注册制后，证监会审核重点的是上市公司信息披露的完备性，保证上市公司必须清晰准确地披露应该披露的信息，把可能遇到所有的情形包括风险，都准确地披露给投资者，接下来的事情交给市场。

二是带来市场定价规则的改变。在注册制下，拟上市公司股票定价规则发生改变。监管者权力放到一个较小的地位，只要拟上市公司不违法、不违规，股票发行的选择权交给市场，监管层不再为发行审核机制背书。换句话说，只要市场愿意接受，拟上市公司股票定多少价格都可以。

三是带来科学的退市制度。“吐故才能纳新”，在审核制下上市非常不易，因此，企业一旦上市，不但上市公司自己会拼命保，地方政府也会保，导致部分经营不善的上市公司退出资本市场非常困难，这样资本市场无法做到“吐故”，也就无法做到“纳新”。

而 IPO 实行注册制以后，退市就会很容易。因为企业只要符合上市标准就可以挂牌，上市就不再稀缺，也就没人去花大价钱购买壳资源。这样，经营不好的上市公司没有价值，自然会退市，这便是 IPO 实行注册制带来的良好效应。

证监会负责人表示，与股票发行核准制度相比，注册制是一种更为市场化的股票发行制度，其主要内容是以信息披露为中心，完善信息披露规则，由证券交易所负责企业股票发行申请的注册审核，报证监会注册生效；股票发行时机、规模、价格等由市场参与各方自行决定，投资者对发行人的资产质量、投资价值自主判断并承担投资风险。监管部门重点对发行人信息披露的齐备性、一致性和可理解性进行监督，强化事中、事后监管，严格处罚欺诈发行、信息披露违法违规等行为，切实维护市场秩序和投资者合法权益。

从本质上看，注册制改革有两大主要目标：第一是通过解决供求的失衡，来解决高 IPO 价、高市盈率和高超募现象，注册制就是创造一个供求平衡的环境。第二是通过减少审批环节去行政化，提高发行效率，减少权力的寻租。总之，IPO 注册制后将给整个监管环境带来改变，打造健康的证券市场。

2015 年 12 月 27 日，全国人大常委会表决通过《关于授权国务院在实施股票发行注册制改革中调整适用〈中华人民共和国证券法〉有关规定的决定》（以下简称《决定》）。《决定》自 2016 年 3 月 1 日施行，期限为两年。

《决定》指出，为实施股票发行注册制改革，进一步发挥资本市场服务实体经济的基础功能，十二届全国人大常委会第十八次会议决定：授权国务院对拟在上海证券交易所、深圳证券交易所上市交易的股票的公开发行，调整适用《中华人民共和国证券法》关于股票公开发行核准制度的有关规定，实行注册制度，具体实施方案由国务院作出规定，报全国人大常委会备案。

《决定》指出，国务院要加强对股票发行注册制改革工作的组织领导，并就《决定》实施情况向全国人大常委会作出中期报告。国务院证券监督管理机构要会同有关部门加强事中、事后监管，防范和化解风险，切实保护投资者的合法权益。

那么，注册制后对宏观经济和资本市场又有哪些影响呢？

笔者分析认为，对宏观经济而言，注册制后中国将从货币时代迈入资本时代，过去一二十年由信贷扩展为主的中国经济发展趋势，未来将被多元化的资本市场所取代。注册制会改变社会的融资结构。中国经济将由间接融资为主，变为直接融资为主，这对中国企业来说无疑是件大好事。

2014 年底的社会融资结构数据显示，目前企业债券市场和企业发行的股票在所有的社会融资额中的比例只占 8.37%。专家指出，将来这种现象会得到改变，信贷在社会融资当中的比重会大规模地下降，注册制不仅是股票发行制度，也将推及企业债券市场，公司债券注册制和各种资产证券化产品备案制也就接踵而至，推动整个资本市场的迅速发展。

而对资本市场而言，注册制是市场走向成熟的重要标志。

注册制改革仅仅是第一步，伴随未来一系列制度的优化，资本市场配置资源的效率必将逐步提升，对市场中长期的发展而言，是重大利好。

首先，中国资本市场的竞争力和吸引力会提高。此前由于核准制的诸多弊端，上市非常不容易，国内很多优秀企业选择到美国、英国、新加坡等地上市，使国内的众多投资者无法享受到国内优秀企业发展的成果。而国内优秀企业不远千里到海外上市，又面临知名度不高、股价偏低、甚至被部分机构恶意炒作的困难。

从长期来看，注册制改革对国内资本市场上市规则的改变，有利于简化企业上市发行的环节，加快企业上市速度，未来将有越来越多的优秀企业回归或登陆资本市场，资本市场会逐渐发挥鼓励经济转型的重要作用。

根据德勤统计，A 股市场 2015 年共完成 220 宗 IPO，集资 1588 亿元。预期 A 股新股市场在 2016 年会更趋平稳，而监管机构很可能会适度为新股发行活动提速，这意味着大约有 380~420 只新股发行，融资额会达到 2300 亿至 2600 亿元人民币。

业内人士预计，2016 年新股发行频率可能会提速。一方面，伴随相对宽松的货币政策环境和投资者不断增加的信心，A 股 IPO 对投资者的吸引力将大幅提升。另一方面，新股发行向注册制转变的路径已明确，新股发行将加快。

具体到积极参与 PPP 模式的社会资本，在注册制改革加速上市后，通过在资本市场直接融资获得更多的资金支持，可以更加有实力、有信心投资于 PPP 项目，更快地促进 PPP 模式在我国的推广，更好地促进 PPP 项目在我国的落地。

笔者认为，注册制改革后，对 PPP 模式下的社会资本有两大利好：一是社会资本自身加快上市步伐，直接融资后有更强的实力投资 PPP 项目；二是对已经投资 PPP 项目的社会资本而言，可以加速 PPP 项目公司的资产证券化，无论对未来 PPP 项目公司 IPO，还是对 PPP 项目公司股权投资的基金、信托等金融机构的退出都大有好处，反过来又可增强金融机构介入 PPP 项目的积极性。

其次，注册制减少壳资源炒作，借壳上市成为历史。

注册制改革后将实施严格的退市制度，对欺诈发行和重大违法的上市公司实施强制退市，把“害群之马”坚决清除出市场。

注册制的推出是大势所趋，不过，我们也应理性地看待注册制改革。注册制会遵循平稳过渡原则，不会一蹴而就。证监会曾多次表示，新股发行的节奏与价格最终将放开，但改革是渐进的过程，价格和节奏不会一步放开，这为市场提供了缓冲空间。下一步，证监会将依照全国人大的授权决定，认真落实国务院关于实施股票发行注册制改革的工作要求，抓紧做好配套规则的制定及其他各项准备工作，积极稳妥、平稳有序地推进注册制改革。

新三板迎来飞跃式发展

近两年，新三板的发展颇有一日千里之势。2015 年 12 月 25 日，新三板挂牌企业数量突破 5000 家，而在过去的 500 天的时间里，新三板市场可谓“野蛮生长”。企业挂牌的神速、火爆的交易、高频率大额融资等都足以惊艳资本市场。

有证券公司预计，未来新三板挂牌企业将以每年 1500 家的速度增加，到 2017 年末达到 7000 家至 1 万家。

自 2014 年以来，新三板在一年的扩容时间内发展迅速，挂牌数量增长三倍，足见其对中小微企业的吸引力。

为什么中国的企业尤其是中小企业热衷于登陆新三板呢?

首先，对于拟上市企业来说，在 IPO 门槛较高和等待时间较长的情况下，新三板挂牌相对门槛较低、时间较短，这是初创型企业所需要的。从挂牌企业需具备的条件看，国家明确了全国股份转让系统的定位主要是为创新型、创业型和成长型中小微企业发展服务，因此，新三板的准入门槛是较低的。

研究发现，国内资本市场主板、中小板及创业板均对企业财务有量化要求，但新三板对于挂牌企业的基本要求为：存续期满两年，业务明确，有持续经营能力，公司治理健全，合法合规，股权清晰，券商辅导。其主要强调企业的合法合规性，并没有硬性的量化要求以及财务门槛，这意味着即使是亏损企业，也具有新三板挂牌的资格。因此，新三板对挂牌企业的要求，对于发展初期需大量投入人力、物力和资金，实现利润很难或利润率不高的企业具有重要意义。

除财务指标之外，新三板在股本、主营业务、公司控制人等方面的要求都更为宽松。

对于拟通过资本市场融资的企业来说，新三板另一个突出的特点为挂牌成本低。包括时间成本和资金成本。具体来说，根据新三板挂牌相关规定，由于是经主办券商负责尽调和审核后由证券业协会备案后即可挂牌，因而挂牌周期大大缩短，最快为 4~6 个月。相比较而言，主板、中小板、创业板挂牌时间一般需要两年左右。而在资金成本方面，企业挂牌新三板大大低于主板、中小板和创业板。总的来说，新三板企业可以以较低的时间成本和财务成本实现股权挂牌交易。

其次，企业在新三板挂牌所做的一系列工作可以为未来更长远的发展目标作铺垫，即可以为日后进入主板、中小板、创业板等市场打下基础。如新三板挂牌可以让企业管理架构更完善，股权更明晰，财务更规范等。

业内专家分析称，如果一家企业要在新三板挂牌，除做到信息公开外，同时还要建立股东大会、董事会、监事会制度，形成科学的监督机制和决策机制，这样才能确保其长期稳定的发展，而在新三板挂牌其实正是中小企业自我完善现代企业管理制度的捷径之一。

公司挂牌后可实施定向增发股份，也可提高公司信用等级。此外，新三板挂牌还有一些其他的好处，比如提升公众形象、扩大企业接触圈、降低企业内部风险等。

2015 年新年前后，新三板暖风劲吹，吸尽市场眼球。笔者注意到，关于新三板的利好消息接踵而至：国务院常务会议决定把中关村先行优惠政策推向全国、公募基金有望正式投资新三板、新三板迎来投资者和做市队伍“双扩容”等。

对投资者和做市队伍“双扩容”，说明监管层具有创新的思维和理念。监管层力挺“双扩”，有两方面的考量：一是鼓励更多机构投资者进入市场，提升市场活跃度和参与度；二是打开新三板业务渠道，打破券商牌照的垄断，为新三板带来更多的交易机会，更多中小企业的价值将被挖掘。

新三板的扩容有望给有能力发展壮大的中小企业带来一个新的机遇，同时对于完善多层次资本市场意义重大。

统计显示，目前新三板主办券商已达到近百家，已有七十多家证券公司具备做市业务的资格。

据悉，新三板正在酝酿私募股权投资基金、风险投资基金等机构参与做市商。未来做市商可能将向 PE、VC 等扩围，甚至还有可能扩展到资产管理公司、基金等金融机构，全面激活市场流动性。

在高层的大力支持下，新三板成为 2015 年资本市场的大热门。

2015 年新年前夕，中国证监会出台《关于证券经营机构参与全国股转系统相关业务有关问题的通知》支持新三板发展。根据《通知》内容，“各证监局、全国股转公司及会内相关部门应指导相关机构依法合规投资全国股转系统挂牌股票，壮大全国股转系统机构投资者队伍”。

在交易方式上，中国证监会发布的《全国中小企业股份转让系统有限责任公司管理暂行办法》指出，挂牌股票转让可以采取做市方式、协议方式、竞价方式或证监会批准的其他转让方式。其中，做市商制度是最为主要的交易方式，也最具特点。

做市商制度是一种市场交易制度，由具备一定实力和信誉的法人充当做市商（通常为券商），不断地向投资者提供买卖价格，并按其提供的价格接受投资者的买卖要求，以其自有资金和证券与投资者进行交易，从而为市场提供即时性和流动性，并通过买卖价差实现一定利润。

数据显示，2014 年新三板挂牌公司数量突破一千五百家，总市值突破 4000 亿元。此后新三板挂牌公司的数量随着新三板市场一路狂奔。

新三板的特点决定了其为一个技术型公司扎堆的板块，以 PPP 模式中的重点行业环保行业为例。近两年伴随着新三板规模的扩大，在其中挂牌的环保企业数量也快速增长，从 2014 年初的几家，增加到如今的接近百家。每季度新增环保企业数在 10~20 家左右。截至 2015 年底，新三板环保企业总数达到 132 家。

据全国股转公司最新披露的数据显示，截至 2015 年 11 月 9 日，全年已有 1535 家新三板挂牌公司完成 2057 次发行，融资金额合计 1024.45 亿元。其中，挂牌同时发行 244 次，发行 39.09 亿股，融资 164.44 亿元。

研究显示，总体看挂牌公司股票融资表现为灵活快捷。从融资用途来看，除补充流动资金、股权激励等用途外，多数为经营性融资，用于项目融资、研发、对外投资等经营性融资的发行次数占比达 61.84%，基本满足了挂牌公司多元化融资的需求。

从近两年国家相继出台的新政和监管层的表态来看，未来新三板的路线图清晰可见，新三板未来的发展值得期待。

随着新三板不断扩围，新三板必将迎来更大发展，包括积极投资 PPP 项目在内的更多优秀企业也会迎来新的发展机遇。

新三板距离纳斯达克到底有多远

近年来，随着经济环境的变化，新三板已成为金融投资领域的热词。2006 年 1 月，新三板在中关村科技园区正式启动。2012 年，上海张江高新技术产业开发区、武汉东湖新技术产业开发区和天津滨海高新区加入新三板试点，新三板扩大到 4 个国家级高新园区。2013 年底，证监会宣布新三板扩大到全国,对所有公司开放。2014 年 1 月 24 日,新三板一次性挂牌 285 家，并累计达到 621 家挂牌企业，宣告了新三板市场正式成为一个全国性的证券交易市场。

从 2014 年开始，新三板在短短两年多时间里，就实现了超过 5000 家企业挂牌。但证监会仍然提出挂牌公司数量要“大幅增加”，可见 2016 年扩容会更加迅猛。笔者分析认为，在未来 4 年里，新三板挂牌公司将突破两万家。

扩容至全国、交易结算系统上线等大事件使得新三板引发市场的强烈关注，也引发了业内专家对新三板距离纳斯达克有多远的猜想。笔者就相关问题分别采访了太平洋证券副总裁程晓明、武汉科技大学金融证券研究所所长董登新、英大证券研究所所长李大霄等业内专家。以下是笔者与几位专家的对话：

笔者：新三板市场飞跃发展，请概括下新三板市场现状以及新三板对中国资本市场的作用到底有多大？

程晓明：新三板的现状主要体现在两个方面，第一是每年的上市家数，2015 年达到了一千多家，这个数量虽然不能完全满足市场需求，但比起主板的速度已经快了很多。第二就是制度建设，核心就是交易制度建设。目前制约新三板交易活跃的因素就剩一个了——个人门槛 500 万元太高，建议逐步降低。如果现在还有什么问题的话，就是退市制度还不够严密，建议将来以股票价格和交易量作为退市的标准。

新三板对于中国资本市场的作用主要有两个方面：一个是数量，这也是我国企业上市所面临的最大的问题，我国每年上市企业过少，新三板在很大程度上解决了这个问题；第二就是市场化，新三板在市场建设这一点比主板和创业板已经好很多了。

董登新：美国的纳斯达克已经场内化，纳斯达克就是世界上最大的创业板。严格来说，新三板相当于美国的 OTCBB。

李大霄：新三板规模目前在迅速的扩大之中，成交量稍有不足，没有实现定价功能。新三板对多层次资本市场建设具有重要意义，是主板的有效补充，相当于柜台交易系统的地位，与主板形成有机联系，满足了中小微企业的融资需求。

笔者：纳斯达克到底是怎样的一个市场？在美国资本市场占有怎样的地位？

程晓明：纳斯达克在美国资本市场的地位涉及场内和场外市场的区别。场内本质是投资人直接根据上市公司信息披露自主对上市公司进行估值定价，因为场内市场的本质是投资人看得懂的企业。所谓的场外市场，不管是美国的纳斯达克还是我们的新三板，定位于那些一般投资人看不懂的上市公司，就是让投资人直接看上市公司的信息披露，对股票进行估值很难，所以，我们采取了特殊的制度，就是做市商，通过双向报价直接告诉普通投资人这个公司值多少钱。

笔者：纳斯达克和新三板有哪些相同之处？

程晓明：纳斯达克和新三板的共同特点都是为看不懂的企业服务，包括科技创新企业、中小微企业，解决的方案就是做市商。

董登新：纳斯达克和新三板相同的地方，不是集中竞价交易，而是做市商制度，未来新三板将会是以做市商为主体的交易制度。此外，备案制和包容性也是两者的相同之处。

李大霄：纳斯达克和新三板的相同之处是上市比较灵活，宽进和做市商制度相同。

笔者：新三板真正应该向纳斯达克学习什么？它们的差距又是什么？

程晓明：比如应该学习做市商制度。至于差距，就是加强退市制度建设，加大退市力度，用股票价格和交易量作为退市的标准。

董登新：目前我国新三板已经做得不错，下一步主要是进入新三板的群体如机构投资者、VC/PE 规模要扩大。另外，新三板的转板机制还有待完善。

李大霄：新三板要向纳斯达克学习交易的便利度、覆盖面和投资人制度。

笔者：纳斯达克在发展过程中遇到过哪些问题，未来新三板是否也会遇到同样的问题？又该如何去解决这些问题？

程晓明：纳斯达克发展的主要问题是对柜台交易的认识，但其发现问题、解决问题都用市场化的方式，我们的问题在于市场机制发挥的作用还不够，更多是行政机制，发现问题和解决问题的效率比美国要低。当然，新三板已经做得很好了。

董登新：纳斯达克最大的成功是两个方面，一个是其国际开放性，二是非常成熟的做市商制度，这都是新三板可以借鉴的。

李大霄：新三板未来会遇到越来越多的障碍，流通量的问题、转板的问题，都是要解决的问题。

笔者：有人说纳斯达克用 35 年的时间走完了纽交所两百多年的路，请预测一下新三板用多久能走完 A 股市场的路？

程晓明：纳斯达克用了 35 年在市值和交易规模等各方面赶上了纽交所，新三板肯定也会有这一天。

新三板转板的重点

2015 年初，业内高度关注的新三板转板传来最新消息。深交所在提出的 2015 年工作重点中，着重提出了加快发展多层次股权市场，其中全面推进创业板改革，丰富创业板层次，推动新三板与创业板转板试点成为业内关注的重点。

笔者了解到，早在 2014 年 10 月，深交所就表示要积极推进创业板改革。彼时，市场人士认为，新三板距转板成型只差“最后一公里”。

目前新三板转板条件是否已经成熟？还存在哪些障碍？

研究显示，转板制度设计还未理顺。新三板英雄会创始人、北京科创企业投融资联盟秘书长、三板汇投资公司董事长李浩在接受笔者采访时表示：“就目前情况来看，新三板企业要成功实现转板还需要具备一定的条件，其中最大的障碍还是制度整体设计并没有完全理顺。”

对于新三板转板的重点，李浩认为应从三个方面入手：“首先，新三板自身企业要达到一定规模。根据规定，企业欲在交易所上市就要满足交易所规定的上市标准。其次，需要证券发行制度的改革推进。现行《证券法》对场外和场内市场之间的转板机制缺乏基本规定。最后，就是监管机制的逐步完善。”

也有专家认为，新三板毕竟是刚成立时间不长，还存在很多不足，还有很多达不到企业的需求的地方，在未来一段时间新三板转板应重点实现挂牌企业要求的功能上面。

有专业人士在接受笔者采访时表示，随着相关机构的持续支持和转板机制的逐步完善，相信转板条件将越来越成熟、稳定。“我对转板持乐观态度。所谓障碍也许就在于企业自身的硬实力是否能达到相关要求了，通过转板能优先筛选出一些优质的民族品牌企业。”这位专业人士说。

对于企业而言，新三板上市一个更现实的意义在于其是通向主板、创业板的绿色通道。由于主板、创业板上市门槛高、程序繁琐，而且有很大失败风险，如果企业先到三板挂牌，将来转板时就会有很多便利，只要符合主板、中小板、创业板条件就可直接到交易所备案转板。

调查显示，很多企业希冀新三板转板。数据显示，目前在“新三板”市场构成中，中小微企业占比 96%，民营企业占比 97%，高新技术企业占比 77%。自 2014 年以来，不少企业选择新三板，希望未来能借助绿色通道转到创业板上市。很多新三板上的优质企业对于转板抱有很大希望。资料显示，合纵科技成为新三板第 10 家转板公司，在其之前久其软件、北陆药业、世纪瑞尔、佳讯飞鸿、紫光华宇、博晖创新、东土科技、安控科技、双杰电气已经完成转板。

虽然顺利实现新三板转板，然而，很多公司是通过旧的转板途径进行转板的。新三板转板是我国资本市场的重要补充，有利于中小企业的融资。新三板转板重点应该从监管制度、转板条件、审批流程等方面入手。

上述专业人士表示，新三板转板给很大一部分有实力的企业提供了快速成长的通道，它夯实了企业的资本来源，真正为企业解决了持续发展壮大的后顾之忧，让中国也有了属于自己的民族品牌。很多企业希望能够早日实现新三板转板，能实现转板说明企业在发展过程中更加成熟和规范，给企业的未来勾画了一条更有前景的轨迹。

此外，多位接受笔者采访的企业也明确表达了对新三板转板的愿望。作为新三板挂牌企业，当然希望转板，转板后更能提高交易活跃度，对企业资本运作更有益处。

一位于 2014 年下半年挂牌新三版的中小模具企业负责人向笔者表示，在挂牌新三板后，希望企业经过一系列规范化运作，早日登陆创业板。

事实上，有意在 A 股上市的公司在新三板挂牌一段时间后，将有助于提高企业的规范运作水平，也可以检验企业的经营能力，等条件成熟后再登陆 A 股。

不过，并不是所有企业都适合转板。对于新三板企业是否一定要转板，业界专家也有不同的看法。

首家落户新三板的 PE 巨头九鼎投资相关人士在接受媒体采访时坦言，目前转板还有待进一步的细则出台。“新三板的挂牌公司其实已没有转板必要。”

李浩亦向笔者表示：“随着新三板本身融资制度的完善，发展到一定程度后，新三板也未必需要转板到主板、中小板或创业板。转板不是企业唯一的选择，企业是否转板需要根据自身在资本市场中的位置来决定，不应该为了转板而转板。”

企业登陆资本市场，是想借助资本市场的力量推动企业更快更好地发展，其中最核心的便是融资功能。如果企业在新三板能够顺畅地实现融资功能，转板是否有必要？对于不同的企业，答案不一定。

有一些企业在上市之初就抱着“曲线救国”的想法，想登陆“零门槛”的新三板，再以此为跳板转板。但并不是所有企业都适合转板，随着新三板的交易日趋活跃，融资功能日趋完善，有些企业在新三板这个市场上能够得到更好的发展。

国内有企业表示，以前曾希望登陆新三板后再进行转板，但如今新三板的制度优越性已经体现，因此，暂时不考虑转板计划。

国内 PE 机构负责人表示，新三板很可能成为全球最大的证券交易市场，未来十年将是新三板市场发展的黄金时期。在其看来，未来新三板不仅是企业挂牌数量，而且总市值也将超越沪市、深市。

据悉，国内多家 PE 机构也表示正在考虑挂牌新三板。

此外，尽管新三板具有资金扶持、便利融资、财富增值、股权流通等一系列优势，然而，企业挂牌新三板后也并非一劳永逸，公司内部经营管理一旦出现问题，就有可能导致退市。

2014 年 5 月，新三板发布公告，国内某科技股份有限公司由于资金链断裂，公司经营活动全面停止而被移除新三板，这家公司也成为了新三板首家退市公司。

成本重是上市企业难以承受之重

借力资本市场上市融资是众多企业的梦想。截至 2015 年 12 月 3 日，证监会受理首发企业有 694 家，其中，已过会的企业有 58 家，未过会待审的企业有 616 家，中止审查的企业有 20 家。中国证监会受理首发企业的数量达到近七百家，而在这一“队伍”之外的计划上市企业，其数量可能更为庞大。

然而，“排队”似乎并不是拟上市企业面临的唯一难题，为了上市不得不付出的各项高昂成本，已经成为拟上市企业难以承受之重。

研究发现，一些企业的上市费用已经占到其总募资额的 10% 甚至更高。

对于拟上市企业而言，近年政策利好不断，如抓紧出台股票发行注册制改革方案，取消股票发行的持续盈利条件，降低小微和创新型企业上市门槛。而注册制改革的出台，将大大加快企业上市进程。然而，上市这条路却并不好走，高昂的会计师费用、律师费用等发行成本成为摆在拟上市企业面前的现实难题。

企业为上市付出的最大成本之一便是巨额的财务成本。

曾以财务负责人身份参与过国内一家中型民营企业上市的李先生向笔者介绍了这家企业的上市代价。

“上市成本非常高，其中显性成本主要包括承销与保荐费、审计及验资费、律师费等，名目繁多，动辄几百万元、上千万元。”李先生说，为了上市成功，这家民营企业所有的工作都围绕上市进行，“包括把公司正常经营的营销费用、广告费用极力压缩，员工工资延迟下发，都是为上市让道，不惜一切保证律师费、审计费的支付”。

“以审计费为例，按照合同约定，每审计一个会计年度或子公司项目，公司都要支付 300 万元至 500 万元不等的审计费用。”李先生介绍说，“当时公司资金紧张，为了保证审计的正常进行，让公司及早上市，公司还撤下了当时销售得比较红火的一款产品的广告。”

李先生还向笔者介绍，除了律师费、审计费等显性成本，还有巨额的隐性成本。

在李先生所说的隐性成本中，一是补缴历史上欠缴的税款以满足上市要求，企业改制为股份公司之前须补缴大量税款，这是拟上市公司普遍存在的问题。二是部分民营企业往往存在劳动用工不规范等问题，而上市对企业劳动用工要求异常严格，因此，须补缴社保和公积金等。

“这家民营企业光补缴税款就达一个多亿元，而一般的拟上市企业补缴税款和员工社保上千万元都很正常。”李先生说，“还有各种各样的上市筹备费用、公司培训费用，以及沟通费、招待费等，这些都是不小的成本。”

“像招待费之类的，一个月几十万元、上百万元都很正常。”李先生说，“这家公司的上市费用加起来一共花了一亿多元。”

据李先生测算，按照这家公司每年盈利五千多万元来算，上市费用已经占到该公司总募资额的 10%。

而笔者深入调查了解到，这一比例颇具代表性。

以部分 IPO 企业为例：好利来（中国）电子科技股份有限公司于 2014

年9月上市，总募资额为19849.2万元。而发行费用达2849.2万元；电光防爆科技股份有限公司在2014年10月上市，总募资额为29592.69万元，发行费用达3173.69万元；沈阳萃华金银珠宝股份有限公司于2014年11月上市，总募资额为44914.56万元，发行费用为4093.25万元。

笔者计算得知，上述几家公司上市费用占其总募资额的比例分别为14%、11%和9%。

一旦踏上冲刺资本市场的道路，似乎没有回头路。而如果企业迟迟不能上市，则让企业不胜其烦。

谈起企业的上市之路，国内知名体检机构负责人在接受笔者采访时感觉非常无奈："从2009年开始，公司就准备上市，并进行了积极的准备，比如股改等。这五年多来，企业在融资方面只能围绕这件事来做，付出了大量的人力、物力、和财力。"

"由于我们融资工作全部围绕上市这件事来做，因此，失去了很多的机会。"上述负责人称，公司之所以要上市，就是想借助资本市场的力量迅速做大做强。但由于时间太长，企业上市一直不顺利。

漫长的等待一直持续到2014年1月，就在IPO开闸之际，这家公司发布了暂缓发行的公告。在付出了昂贵的财务成本和时间成本后，这家体检机构停下了登陆资本市场的脚步。

"我们企业当初上市的动力、在上市过程中遇到的阻力都变成了现在的压力。"上述负责人坦言，"说实话，现在我们都有点怀疑五年前做出的上市的选择是否正确。"

据笔者调查了解，对上市感到困惑的企业并非上述体检机构一家。曾供职于神舟电脑、现为北京一家拟上市公司的财务总监表示，企业上市更是一场拖不起的"消耗战"，"上一次市，几乎要脱一层皮"。

上市成本是企业最关注的问题。

相比较目前近七百家拥挤的待审企业，更多的则是徘徊在资本市场大门外怀揣上市梦想的拟上市企业。

一家房地产企业负责人在接受笔者采访时称，目前市场不断有注册制改革以及降低上市门槛的信号传来，但企业最为关心的，还是上市成本高的问题。

上述曾参与过国内一家民营企业上市的李先生建议，对于拟上市企业而言，一定要充分考虑税务成本、社保成本以及风险成本。对公司发展战略、财务成本等方面要把握好，做好充分的准备，这样才能引领企业健康发展。

知名经济学家宋清辉向笔者表示，由于企业上市成本高，部分拟上市企业不得不暂停上市或放弃排队。

宋清辉称，一家企业如果要登陆资本市场，一定要重点考虑高昂的上市成本费用，包括补缴的社保和税收。“一旦企业中途折戟、上市失败，意味着企业之前的所有费用都打了水漂，这对企业自身的打击不言而喻。部分企业会元气大伤、一蹶不振”。

专家还建议，我国应建立环保企业上市的绿色通道，尽量降低二板市场的上市门槛和交易费用，提高绿色企业上市募集资金投资项目的灵活性。

附：八种方法降低上市成本

1.IPO 上市操作是一项系统性工作，企业需要提前 2~3 年开展上市准备，这样既能减少后期 IPO 上市过程中大量的难度与工作量，降低上市成本，又能提升 IPO 成功率。

2. 规范财务管理、成本费用列支等符合税务法规，不会导致少缴税款和被税务机关处罚。提前引入相关法律团队和财务团队，分别在法律上与财务上对企业进行梳理和规范，确保企业在最佳上市时机到来后，不会因为财务原因阻碍了上市进程。

3. 减少讼累。各项诉讼属于各种历史遗留问题，短时期内很难解决，因而会耽误上市进程。

4. 关联交易发生程序以及信息披露都是监管部门重点关注的部分。由于非公允关联交易会对上市公司造成很多负面影响，因此，拟上市公司尽量减少关联交易。

5. 慎重考虑上市地点、时机。选择上市地点需要平衡多方面的因素，而且要与上市时机一起考虑。对于上市时机的选择，主要取决于宏观经济周期的变化和政府政策周期的改变，另外也需要考虑企业自身的筹备情况和资金需求情况。

6. 企业很难在中介费用支出上进行节省，因此，需要在结构治理成本上下功夫。最好的办法其实是在公司有上市的计划之后就逐步进行结构调整，否则在短时间内进行调整，成本将非常高。

7. 在简政放权的背景下，取消保荐代表人职业资格等行政审批，证券公司雇佣保荐代表人的人力成本将进一步下降，有助于降低企业上市成本。

8. 政府建立绿色通道，简化中小企业上市审批程序，使中小企业尽快获得资金，降低中小企业上市的机会成本。

第六章 社会资本加强资金管控

对于地方财政部门来说，用少量资金来撬动大量社会资本，缓解财政支出的压力，提高项目建设和运营效率，可谓是 PPP 模式备受推广的一个重要因素。

对社会资本而言，如果在 PPP 项目的建设、运营过程中，既能做到成本最低，又能做到收益最大，就是减轻资金压力的最好方式。

本章导读

PPP 潜力项目：高科技在水处理中的应用

剖析一家污水处理厂的节能效果

立体停车库：首创光伏发电 + 综合体模式

PPP 模式下建筑企业的成本控制

从一例典型文化公益项目看 PPP 模式创新

PPP 项目绩效激励设计

一个污水处理项目的投资收益情况

PPP 潜力项目：高科技在水处理中的应用

笔者研究发现，目前在国内的 PPP 热潮中，既有交通、水利等传统行业，也有环保、医疗、教育等新兴行业。而最为火热的，莫过于环保行业中的水务行业。

近年来，我国逐年加大对水资源环境治理的投入力度。2015 年 4 月 2 日，有“水十条”之称的《水污染防治行动计划》正式出台，国家对饮用水水质提出了更高标准，要求把供水水质达标检测由自来水出口移到家庭出水龙头。

实现饮用水龙头控制，一方面要求对供水管网进行改造，另一方面需要引入并运行可靠的深度处理给水技术。

在我国大部分地区，以地表水为饮用水主要水源的净水厂中源水经过絮凝—沉淀—过滤—消毒等工序，最后经管道输送至用户，此工艺无法把毒性物质完全去除，长期饮用含有痕量毒性污染物的水，则会严重危害健康，潜在的危害包括 DNA 损伤、生殖力降低、遗传毒性等。因此，实现对水中的“三致”物质、内分泌干扰物质以及其前驱体等高风险性污染物的高效分离和净化是保障饮用水安全的主要任务和重要目标。

目前针对这一目标的水处理方法主要有活性炭吸附技术和臭氧消毒技术。但是，活性炭的吸附容量有限，需要频繁更换滤芯，且仅对特定分子量的目标物有去除效果；而臭氧难溶于水，在使用过程中会有溢出，不仅浪费臭氧，而且污染大气，另外，臭氧消毒带来的以溴酸盐为代表的消毒副产物又造成了二次污染。

微滤、超滤技术是固液分离的有效手段，已被广泛应用于化工、医药、污水处理等领域。包括微滤、超滤在内的膜分离技术也被美国、欧盟等确定为水处理的“安全”技术之一。但是，传统的微滤、超滤膜根据膜孔径来截留目标物或颗粒物（如胶体等），由此产生两个重要问题：一是不能有效截留或分解水中毒性有机物；二是膜污染堵塞孔道使水通量下降，导致水处理效率降低。

水处理研发专家陈仕意、王冠龙研发的光催化氧化技术受到广泛关注。作为一种新型的水处理高级氧化技术（AOPs），在水与半导体共存的非均相体系中，光催化过程产生的空穴或羟基自由基（·OH）具有很强的氧化能力，在理论上可分解绝大多数毒性有机污染物，包括有机氯农药、多氯联苯，甚至二恶英及全氟化合物等，且降解反应可在常温常压下进行，且有利用廉价的太阳光作为所需能源驱动的潜力，美国环保局已将光催化氧化技术列为最有应用前景的环境技术之一。

然而，二氧化钛（TiO_2）光催化也存在自身的缺陷，例如其只能利用波长小于 387 纳米的紫外光，这部分光只占太阳光的 3%~5%，紫外光激发的电子和空穴重新复合导致量子效率低，催化剂难于回收流失造成二次污染，尤其是近年来应用更多的纳米二氧化钛（TiO_2）材料的流失存在潜在的生态危害。因此，传统光催化技术大规模应用的案例还很少。

基于以上分析，无论单纯的膜分离技术或是半导体光催化技术都存在自身的不足，限制其在给水领域的应用。将几种技术耦合连用是克服单一技术存在缺陷的有效途径。并且，耦合工艺会产生除单一工艺处理效果外的协同效果，即处理效率高于两者的简单加和。现有的研究将高级氧化技术与膜分离相结合，高级氧化作用生成的羟基自由基能分解水中大部分的污染物，包括膜分离技术无法分离截留的污染物，同时缓解膜污染。例如，生物技术—膜的联用；光催化—膜技术的联用；臭氧催化—膜的联用；电催化—膜的联用等联用技术已经相继出现。相比其它耦合膜联用技术，光催化—膜耦合技术因只用到光能，无需投加化学试剂，处理效率高，出水可达直饮水标准的特点受到广泛的关注，在分质供水中具有良好的应用前景。

光催化–膜分离耦合技术的技术概况及原理，是通过将光催化剂负载在膜基底上，制备出具有光催化、膜分离性能的耦合膜结构。光催化膜的概念出现于 1991 年，然而当时只是研究了沉积在固体基底上而不是真正的分离膜。直到 2006 年，光催化分离膜的研究才真正走向成熟，包括这种新型膜的光催化活性与膜通量都得到了深入的研究。近年来研究人员采用不同的方法制备出了光催化分离膜，常用的制备方法包括溶胶凝胶—浸渍提拉法、化学气相沉积法、液相沉积法、阳极氧化法等。

将光催化与膜分离技术耦合，可有效解决膜分离和光催化各自存在的问题（如膜分离对污染物只能截留，不能分解；粉体光催化剂利用时分离困难，难以工程化应用等）。同时，由于光催化的作用，分离膜在实现污染物截留的同时，可以观察到有机物的分解，以及膜污染的缓解。在此过程中，要求光催化剂有很强的催化能力，使水中的污染物在通过膜表面的短时间内被截留和分解。

目前，已制备出包括 Si-TiO_2/Al2O3 光催化膜、Ag-TiO_2/HAP/Al2O3 复合光催化膜、石墨氧化物—TiO_2 光催化膜、CNTs-TiO2/Al2O3 光催化膜、TiO_2/ZnO 复合光催化膜等多种功能膜。也有的研究通过改变光催化剂本身的形貌，制备出包括二氧化钛微球、纳米管、纳米线等 0 维与 1 维形貌，有利于加速电子空穴的分离，提高光催化剂本身的光催化活性，同时这种形貌也增加了孔隙率与膜通量。这些新型的耦合膜能够在一定程度上提高水处理效果、更好地缓解膜污染，还能表现出良好的除菌效果。

光催化—膜分离耦合技术的技术特点与优势，是在充分利用膜的分离性能的同时增强了光催化剂的催化性能，实现了“1+1>2”的效果，具有光催化功能的分离膜工艺具有以下优点：

一是将传统的膜分离技术与紫外线杀菌技术耦合成为一体化工艺，减小了设备的占地面积。

二是单套光催化膜组件日处理原水为 1.5 ~ 2 吨 / 天，投资成本约为 5000 元，吨水处理费用低至 3.81 元，投资运行成本低。

三是出水效果好，达到优质直饮水标准。在具备传统膜技术的分离功能外，增加了对有机污染的分解功能，减缓膜污染功能，以及通过耦合工艺产生协同效应，获得更高效更快速的处理效果。

市场上现有的用于饮用水处理膜产品主要包括低压驱动的微滤、超滤膜产品以及较高压力驱动的反渗透膜产品。微滤可去除微米级的水中杂质，其滤膜孔径为 0.05~5 毫米，凡大于孔径的颗粒可被截留，在生产高质量的饮用水时，通常作为超滤、反渗透或纳滤的预处理设施。市场上的微滤膜多为平板膜折叠式滤芯，膜材料为聚丙烯（PP）或聚砜（PS）、尼龙等，膜孔径通常为 0.45 毫米、0.2 毫米或更小，其孔径分布均匀，水通量大，不易堵塞且价格便宜。另外，无机陶瓷膜也是应用水深度处理上的重要微滤技术之一，无机膜相比于有机膜热稳定性好，抗化学与生物腐蚀，易清洗，耐高压且机械稳定性好，且可根据水质随时调整孔径与膜厚，但它的缺点是成本与维护费用较高、膜孔隙率低、有效膜分离面积比有机膜低。超滤膜可用于去除纳米级或更大一点的颗粒杂质，可直接制取优质饮用水，也可作为反渗透或纳滤的预处理设施，市场上常见的有聚砜或聚丙烯腈中空纤维膜或卷式膜。反渗透膜理论上能截留水中的所有溶解盐分及分子量 100 的有机物，是最精细的一种膜分离产品，可用于制备纯净水，一般用高分子材料制成，如醋酸纤维素膜、芳香族聚酰肼膜、芳香族聚酰胺膜，表面微孔的直径一般在 0.5 ~ 10 纳米之间。

但是，单独的膜分离过程只是将污染物物理分离，并没有降解，被分离的污染物容易造成二次污染。而且，由于膜污染的存在导致膜孔堵塞，通量下降，运行压力增加，进而带来能耗增大、效率降低等一系列问题。繁琐的再生技术也会增加膜分离技术的运行成本。另一方面，低压驱动的微滤、超滤膜主要是依靠膜孔径的筛分作用，只能截留尺寸大于孔径的污染物，而对于小分子的截留效果不理想。虽然通过减小孔径，例如反渗透膜能够实现部分小分子的去除，但是，减小孔径使通量急剧减小，膜堵塞周期短，处理能力急剧下降，运用成本高，吨水处理费用为 80 ~ 90 元左右，同时反渗透膜在截留水中有害分子的同时也会截留水中对人体有益的矿物质分子。

所以，光催化膜通过将光催化剂负载在膜基底上，制备出了光催化—膜分离耦合膜技术，在光照下，利用光催化作用产生的空穴、羟基自由基等强氧化剂直接对污染物进行矿化降解，可以去除膜技术无法分离截留的小分子污染物，提高污染物降解效率。同时，光催化作用还可以对膜截留的污染物进行降解，减缓膜污染，提高膜通量，进而减少了能耗与成本。

在应用领域，光催化—膜分离耦合为水质净化提供了新方法，为难生物降解的有机废水处理提供了新思路。光催化和膜分离技术的耦合能够在发挥二者作用的同时，有效克服单个处理工艺的技术缺陷，呈现出一系列独特、优良的工艺特性，水处理潜力巨大。

近年来，光催化—膜分离耦合工艺被广泛研究用来处理地表水、染料废水、合成废水和灰水等。

一体化光催化功能膜技术可以针对输送至社区或宾馆的饮用水进行末端处理，去除净水厂出水中残留或管道运输过程中引入的有毒有害物质，达到直饮水标准，可广泛应用于小区分质供水。

搭建工业化光催化膜水处理一体化设备可以去除水中的腐殖酸、富里酸、三氯乙烯、二甲基乙酰胺、活性黑 5、活性艳蓝 X-BR、甲基橙等染料，双酚、氯酚、苯酚、硝基酚等酚类化合物，并获得显著的去除效果。

剖析一家污水处理厂的节能效果

公开数据显示，我国污水处理量占污水排放总量的比例由 2005 年的 35.6% 增加到 60.7%，近 40% 的废水未经处理直接排放到江、河、湖、海中，对地表水体造成巨大污染。2013 年我国人均可再生水资源仅为 2072.37 立方米，相对于其他国家较为落后，水资源短缺、水污染严重是我国水环境面临的迫切问题。

目前，中国水处理市场可粗略分为工业水处理、市政水处理和自然水体污染治理三大板块。就工业水领域而言，目前全国各地对于工业水排放的监管尚不健全，导致工业企业将处理不达标的污水直接注入周边自然水体中，在造成水质恶化的同时还可能造成地下水的污染。

节约资源是我国的基本国策。在水环境日益恶化和水资源短缺日益严重的双重压力下，我国政府加大了节能减排和生态建设力度。

2015 年 12 月 18 日，国家财政部印发《PPP 物有所值评价指引（试行）》的通知，通知指出，中华人民共和国境内拟采用 PPP 模式实施的项目，应在项目识别或准备阶段开展物有所值评价。物有所值评价包括定性评价和定量评价。现阶段以定性评价为主，鼓励开展定量评价。定量评价可作为项目全生命周期内风险分配、成本测算和数据收集的重要手段，以及项目决策和绩效评价的参考依据。

定性评价指标包括全生命周期整合程度、风险识别与分配、绩效导向与鼓励创新、潜在竞争程度、政府机构能力、可融资性等六项基本评价指标。其中,“绩效导向与鼓励创新”指标主要考核是否建立以基础设施及公共服务供给数量、质量和效率为导向的绩效标准和监管机制,是否落实节能环保、支持本国产业等政府采购政策,能否鼓励社会资本创新。

就市政水处理领域而言,截至 2014 年底,全国设市城市、县累计建成污水处理厂 3717 座,污水处理能力 1.57 亿立方米 / 日,较 2013 年新增约 800 万立方米 / 日。虽然我国污水排放量在持续增加,污水处理能力却存在缺口。中国庞大的水务市场正吸引着越来越多的环保投身其中,并将目光瞄向污水处理领域。

社会资本以 PPP 模式投建污水处理厂,通过收取污水处理费获得合理的投资回报。这一模式有助于最大限度发挥规模效益,降低污水处置成本,并提高环保处置效果。

下面是一起笔者操作的污水处理厂案例,该污水处理厂通过采取各项节能措施,降低了污水处理成本,从而大大提高了投资效益。

该污水处理厂管网工程截污管道约 40000 米,污水支管 100000 米;污水厂工程 5 万吨 / 日。项目总投资 1.5 亿元。

根据国内污水处理的理论研究和多年运行经验,污水二级强化处理即生物除磷脱氮处理工艺,出水的 SS、BOD5、CODcr 和 TP 基本可以达到《城镇污水处理厂污染物排放标准》(GB18918-2002)一级 B 标准,其中部分指标也可能更高些,但要全部达到一级 A 标准的水质要求,则必须采用深度处理。

污水处理厂能耗包括:污水、污泥处理设备的电耗:进水泵、内回流泵、鼓风机、剩余污泥泵、提升泵等;生活及照明等能耗;化学除磷所需的药耗;生产、生活及消防用水。

对于污水处理厂而言,污水处理工艺的选择应根据设计进水水质、处理程度要求、用地面积和工程规模等多因素进行综合考虑,各种工艺都有其适用条件,应视工程的具体条件而定。

选择合适的污水处理工艺，不仅可以降低工程投资，且有利于污水处理厂的运行管理以及减少污水处理厂的常年运行费用，保证出厂水水质。该项目污水处理工艺的选择力求做到：

一、污水处理厂的出水水质应满足国家和地方现行的有关标准、法规；

二、近远期结合、全面规划，布置上采用以近期工程为主，远期控制发展，并为远期规划留有余地的原则。根据发展建设情况分阶段逐步实施，更好地发挥投资效益；

三、污水处理工艺选择应充分考虑污水处理厂进水水质指标和要求处理达到的出水水质指标，并考虑污水排放现状、受纳水体的环境容量与可利用情况，经比较决定优先采用低能耗、运行费用低、基建投资少、占地省、操作管理简便的成熟处理工艺；

四、积极慎重地采用经实践证明是行之有效的新技术、新工艺、新材料和新设备；

五、重视环境、臭气的防护，噪声的控制。

节能设计范围：细格栅间、加药加氯间、综合楼、污泥脱水机房、粗格栅间、变配电间、鼓风机房、锅炉房、传达室。为降低建设和未来运营的成本，该项目采取有力的节能措施：

一、技术措施：设计对整个系统按照环境系统工程学的原理进行优化，合理确定出污水厂设备的数量和组合。

本工程将大量使用节能技术，主要包括以下几个方面：

（1）污水管网的布置将尽量考虑地形因素，减小管道埋深和动力提升，从而从系统上降低能耗。

管线综合的基本原则是：污水、污泥工艺管道流程顺畅，各种管线的相互平面和垂直间距满足有关地下管线综合的规定，平面布置在保证管线功能的前提下使管线尽可能短；竖向布置在满足最小覆土深度要求的条件下使各种管线埋深尽可能浅；当管线交叉时，原则上压力管道让重力管道，小管道让大管道，高程布置将电力、自控、通信线路及管沟放在最上层，中层是给水管道、小口径污水、污泥压力管道，最下层是大口径污水、污泥管道、厂区内雨污水排水管道。

（2）污水处理系统的各类设备均采用节能型设备，并结合自动控制系统对设备的开停进行精密控制，降低能耗。

（3）对河流水体的治理采用生态手段，基本不需要额外能耗。

（4）在合理情况下，对污水厂尾水预留了重复利用的接口，从而提供了后期节约水资源的技术基础。

二、设备措施：设计中考虑采用高效、节能型设备，对水泵考虑加设变频设备，并按规划期 2020 年流量安装水泵以降低电耗。

三、管材选用：通过技术经济比较，大部选用 HDPE 管，这种管材内壁光滑，摩阻系数 n=0.010 ~ 0.009，水流流经管道的水头损失要比混凝土管小，这对重力流管的位能消耗也相对减少，为污水管网形成重力流提供了良好的条件。

四、运行措施：在运行中需要根据水量合理调度，近远期管线水泵损失相差较大，设备按近远期两种工况选用，避免了近期大马拉小车的运行状况；并且精心地保养设备，使设备处于良好的状态。

项目建成后，主要运行费用是电费，电耗主要用于污水提升、输送和处理。为了保证污水处理工程能建得起、用得起，降低整个系统的运行费用是十分重要的。而降低运行费用的重要手段是通过节能措施来降低电耗，本工程将通过以下措施来实施节能。在水处理厂运行过程中，由于风机、水泵、曝气设备、电机等的使用，消耗了大量能源。

以电气节能措施为例，为了使污水处理厂能够做到合理利用和节约能源，缓解电力供应紧张和厂内耗电量大的矛盾，针对工程的具体情况采取了以下节能措施：

一、设计优先选用国家推荐的节能产品和质量合格的电气设备。如选用低损耗变压器，力求降低用电设备自身损耗。

二、照明设计：采用合理的照度标准和照明控制方式，选用高效光源及节能型灯具，节省照明用电。合理控制窗墙比，采用可见光透射比较高的玻璃窗，充分利用自然采光，减少照明开灯时间。

三、无功功率补偿：对配电网进行无功补偿，按要求配备无功补偿装置，提高设备的运行功率因数，保证功率因数不低于 0.95，以减少无功功率在线路上传输，降低线损。

四、合理选配使用变压器：选择低能耗的节能型配电变压器，并使变压器处于合理的负载区间和能耗最小的经济运行方式，可大幅度降低变压器损耗。

五、罗茨鼓风机作为全厂能耗的主要设备，采用专家控制系统并根据运行中积累的科学数据，结合池内溶解氧参数，控制空气的流量；同时，通过反应池空气流量控制设备将所需的压力参数传给鼓风机控制柜，调节鼓风机的开启台数和导叶片角度，从而调整供气量，保证气量的均匀、适量，避免过度曝气造成的浪费。

在节能管理措施方面：

一是建立能源计量管理体系，形成文件，并保持和持续改进其有效性；建立、保持和使用文件化的程序来规范能源计量人员行为、能源计量器具管理和能源计量数据的采集、处理和汇总；建立用能统计制度，定期向政府节能管主部门报送能源统计报表，统计报表数据应能追溯至计量测试记录。

二是建立节能工作责任制和能源使用责任制，把各项能源消耗定额分解落实到各部门，实行能耗考核，对实现降耗的部门和节能工作取得成效的集体和个人给予奖励。

三是制定管理范围内的能源使用计划，并落实执行，每年定期检查计划执行情况，年终进行总结和奖惩。

根据项目节能评估报告书，本项目用能污水处理厂及泵站，年综合耗能折标煤估算为5300吨（等价值）、2500吨（当量值），其中年用电1330万千瓦时，年用新水8200立方米，年天然气用量2.8万立方米，年用汽油8.8吨，年用柴油600吨。

本项目单位污水处理综合能耗为0.096千克标煤/吨（等价值）、0.050千克标煤/吨（当量值），单位污水处理电耗为0.24千瓦时/吨。

采取节能措施后，该项目经济效益明显，污水处理、污泥处理为收费处理项目，每年新增污水处理费收入约3200万元，新增污泥处理费收入约2000万元。同时，污水处理厂、污泥处理厂、雨水调蓄系统和污水管网运行维护将新增就业岗位约600个。

经综合评估分析，该项目符合国家有关节能法律、法规、规章和产业政策，达到了行业节能的标准和设计规范，资源综合利用较好。

立体停车库：首创光伏发电＋综合体模式

近年来，随着我国汽车工业和城镇化的快速发展，城市机动车保有量不断增加，大、中、小城市相继出现了停车难和乱停车现象，其矛盾主要表现在停车需求与停车空间不足的矛盾和停车空间扩展与城市用地不足的矛盾。

据某市公安交警部门统计，截至 2015 年 3 月份，某市机动车已达 56.6 万多辆，且每月有近千辆新车入户。城市用地紧张而机动车拥有量却快速增长，使得某市的停车泊位缺口极大。目前，某市停车现状主要表现在三个方面:第一，停车位严重不足，难以满足存车的需要;第二，城市用地相对不足，静态交通规划难以适应路面停车需求;第三，非法停车严重，交通拥堵频发。

据了解，现在实施的车位、车库配比标准是 1998 年由建设部、公安部制定的。按此标准，住宅小区每户平均建筑面积在 100 平方米以下的，按 10% 的比例配比;户均面积在 100 平方米以上的,按 50% 的比例配比。据估算，平均配比率在 30% 左右。而从某市现有私家车保有量来看，这个标准明显偏低，尤其在医院、中心商场等公共服务区，停车需求更为不足，迫切需要通过改建立体车库，缓解停车压力。

自动机械立体停车场（库）是近来年为解决伴随城市高速发展产生的日益严重的停车难问题而逐步发展起来的新兴产业。在欧、美、日等发达国家和我国的广州、深圳、北京、上海等经济发达地区，已被广泛运用于繁华地区、人口密集商业区和居民区的公共停车场所的建设，被称为解决因城市经济高速发展，机动车数量快速增长给人口、建筑密集城区带来的停车难问题的优选手段。

传统的平面停车模式土地占用面积大，平均每 12 平方米才停车一部，综合利用率低下，给原本就拥挤的城市造成更大的土地与交通压力，无法充分利用土地的经济价值与社会效益，建设立体停车库可节省宝贵的土地资源。

立体停车起源于 20 世纪 20 年代的美国，是为了解决大城市内停车难的问题。在日本等国土面积小、汽车数量众多的国家，立体停车设备已经占据了 70% 的市场份额，但在我国，目前机械式车位所占的比例仅为 2% ~ 3%。在私家车保有量最多的北京市，有 50% 以上的停车场都已采用了立体停车库；在上海，“立体”停车库的市场普及率也达到了 30%。随着立体车库在北京、上海等一线城市的广泛应用，二三级城市也将步入“立体化”发展的时代。

根据对某市汽车保有量及停车位的预测结果，截至 2014 年底某市机动车停车位的缺口为 19.41 万个，按照每个车位 10 万元计算，这意味着停车市场有 194.1 亿元的市场份额，市场前景广阔。

某市医学院附属医院占地面积 178 亩，核定床位 1200 张，根据规划，医院投入使用后，年门（急）诊量预计将达到 60 万人次（每日门诊量达 1600 余人次）。医院属于人流和车流的集散地，但医院在建设初期并未过多考虑停车需求问题，再加上自驾车就医者比例不断增加，医院周边停车供给矛盾日益突出，从而导致医院周边交通拥堵、交通事故频发等多种交通问题，增加了就医者的就医时间。考虑到医院内自备地下停车空间不足，解决来医院就医者的停车难问题，某市政府决定建设一座立体停车库，并拟采用 PPP 模式进行立体停车库综合项目建设。

作为立体停车库 PPP 项目的负责人，笔者经过充分的调研，走访了国内多个立体停车库，发现大多数的立体停车库采取的是传统的市政用电模式，而且立体停车库大多是作为单一的服务体，即仅为周边的政府、写字楼、医院等提供停车服务，完全靠收取停车费维持运营，收入来源单一，不能盈利或微盈利，社会资本积极性不高。

经过充分研究，笔者带领的团队决定从节能和扩大收入来源两个方面对立体停车库进行 PPP 投标。

首先，在节能方面，立体停车库采取光伏发电的模式，通过光伏发电，一方面为立体停车库运行供电、为电能汽车充电、为其他配套服务设施供电，以节约能源。

节能是国家发展经济的一项长远战略方针，综合利用、节约能源是我国国民经济发展的重大决策,也是社会主义现代化建设中的一个长期基本国策。

我国既是一个能源大国，按人均计算又是一个能源较匮乏的国家，尤其电能资源、水资源更为紧张。而对于全人类来说，地球能源相当有限，更需要全人类共同爱护、节约，综合利用各种能源资源。

我国经过近二十年的努力，节能工作已初见成效，更可喜的是，节能工作已逐步走向了“法制化”。2007 年 10 月 28 日第八届全国人民代表大会常务委员会第三十六次会议通过了《中华人民共和国节约能源法》，于 2008 年 4 月 1 日开始施行。它从法律上规范了全国人民的节能行为，使我国的节能、综合利用能源走上了有序的轨道。

《中华人民共和国节约能源法》第三条明确：“本法所称节能，是指加强用能管理，采取技术上可行、经济上合理以及环境和社会可以承受的措施，从能源生产到消费各个环节，降低能耗，减少损失和污染物排放”。

第七条明确：国家实行有利于节能和环境保护的产业政策，限制发展高能耗、高污染行业，发展节能环保型产业。国务院和省、自治区、直辖市人民政府应当加强节能工作，合理调整产业结构、企业结构、产品结构和能源消费结构，推动企业降低单位产值能耗和单位产品能耗，淘汰落后的生产能力，改进能源的开发、加工、转换、输送、储存和供应，提供能源利用率。国家鼓励、支持开发和利用新能源、可再生能源。

项目设计时，积极引入“绿色建筑”和“循环经济”理念，最大限度地节约资源，保护环境和减少污染，在立体车库顶部 1000 平方米的平面上铺设 540 块标准光伏组件（尺寸规格：1245 毫米 ×635 毫米 ×9.5 毫米），安装功率为 35 千瓦，将太阳能转化为电能，为立体车库电气设备提供电源，同时满足电动汽车充电要求。

通过铺设光伏组件，建立光伏发电充电桩，不仅可满足立体车库电气设备供电要求，而且可为就医者、医护工作人员、周边群众提供电动汽车充电服务。立体停车库整体外观与医院主体设计风格融为一体，与周边环境融合性好。

其次，为保障项目的顺利落地，进一步提升某市医学院附属医院的公共服务水平，本项目采用PPP模式，在立体停车库节省的土地上建设综合超市、餐馆、全自动洗车房等商业配套设施，保证投资主体的合理收益。

根据某市医学院附属医院总体规划、某市小汽车保有量、日门诊量、停车场设计规范及立体停车库类型，确定拟建立体停车库类型为升降横移式，共五层，可提供300个停车位，同时规划包括50个停车位的路面停车场、50个电能汽车充电桩、自动化洗车房一座，配套建设2000平方米的大型综合超市、1000平方米的餐饮门店、150米的空中走廊和立体停车库整体节能环保点缀工程，用来满足就医人员的停车需求，为就医者提供高效、便捷、安全的停车服务。

项目采取BOT模式，总投资4000万元，投资回收期15年，建设周期为120个日历天。由社会资本自筹经费，自主经营。

具体而言，笔者带领的团队设计的“光伏发电＋综合体模式立体停车库”主要方案为：

一、立体车库设计理念

为提高空间利用效率，建设节能环保示范工程，在满足停车需求的前提下，以立体停车库代替平面停车场，并在停车库周围建设相应的配套服务设施，如全自动洗车房、超市、餐馆等，为医院工作人员、就医人员、探望人员及附近居民等的工作、生活提供便利。立体车库设计时综合考虑了以下因素：

1. 外观设计与新城医院风格保持一致，融为一个整体；
2. 满足停车需求，设计机械式停车位达到300个；
3. 技术成熟可靠，安全性能高；
4. 充分考虑停车库能覆盖的距离，合理规划通道；
5. 尽可能地减少立柱，提高存取效率和增加安全设施；
6. 提供宽敞的车位尺寸，尽量满足各种规格的停车需求；
7. 设计几何学入口和出口，以便能接受自动车辆识别系统；
8. 低噪音，对医院和周边商业活动无影响；
9. 节能环保，绿色建筑，与周边环境融合性好。

二、立体车库选型

根据立体车库的修建位置及在空间伸缩方向的不同，立体停车库的主要类型有升降横移式、巷道堆垛式、垂直升降式和垂直循环式等。项目采取升降横移式。

升降横移式立体停车库具有以下特点：

1. 节省占地，配置灵活，建设周期短。

2. 价格低，消防、外装修、土建地基等投资少。

3. 可采用自动控制，构造简单，安全可靠。

4. 存取车快捷便利，独特跨梁设计，车辆出入无障碍。

5. 运行平稳，环保节能，工作噪声低。

6. 适用于商业、机关、住宅小区、医院配套停车场的使用。

三、资金需求说明

某市医学院附属医院立体车库项目总投资 4000 万元，包括机械式立体停车库主体工程及配套服务工程。

立体车库主体工程为五层升降横移式立体停车库，可提供 300 个停车位，占地面积 1200 平方米，总投资为 1200 万元；配套服务工程包括洗车房、超市及参观等，占地面积约 3000 平方米，总投资 900 万元；一条空中走廊，总投资 300 万元。

四、项目收入估算

（一）停车泊位出租收入

预计立体车库建设初期的就医量可达到预计日门诊量的 40%，第 5 年达到 50%，第 10 年达到 60%，在所有的就医者中驾车就医的比例按 30% 计，停车时间不超过两小时的有 50%，不超过 3 个小时的有 30%，超过 3 个小时的有 20%。由此，立体车库运营初期可得收入为 44.85 万元，第 6 年可得收入为 56.06 万元，第 11 年可得收入为 67.28 万元。

（二）商业铺面出租收入

为方便医院工作人员、来院就医人员及附近居民的工作、生活，在立体车库周边配置建设相应商业用房，总占地3000平方米，按每间100平方米规划，共约30个商铺，按每个商铺租金5万元/年，每年可得商业铺面出租收入150万元。

（三）广告位出租收入

本项目所建停车库为公共立体停车库，符合广告位设置的规划和标准，因此，拟建立100平方米的LED显示屏，根据某市广告费租赁的收费标准，100平方米的LED显示屏每月租赁标准为300元，则一年可得的广告位租赁收入为3.6万元。

新建和推广立体停车库不仅可以缓解就医停车难的问题，同时可节约宝贵的医院配套用地，适应了高新区高节奏快速发展的需要，同时，配合市政建设的商业项目也会带动一批第三产业的兴起，具有较高的社会价值。

立体停车库综合项目不仅可以满足就医者安全快捷的停车需求，而且节省了宝贵的医院配套用地，减少了投资成本。节省的建设用地用于开发医院的配套设施，包括商业性超市、餐饮、全自动洗车房等，可以方便就医者快速就医，方便购物消费，全面提升医院的公共服务水平，对于促进产业集约、集聚、高端发展，完善产业空间布局具有重要意义。

经过综合考量，在履行完PPP相关法律法规手续后，笔者所在团队设计的“光伏发电+综合体模式立体停车库”成功中标。

PPP模式下建筑企业的成本控制

在激烈的PPP项目市场竞争中，政府部门对社会资本有着严格的要求。

如上所述，国家财政部于2015年12月18日下发《PPP物有所值评价指引（试行）》，文件称，中华人民共和国境内拟采用PPP模式实施的项目，应在项目识别或准备阶段开展物有所值评价。物有所值评价包括定性评价和定量评价。

其中，定量评价是在假定采用PPP模式与政府传统投资方式产出绩效相同的前提下，通过对 PPP 项目全生命周期内政府方净成本的现值（PPP 值）与公共部门比较值（PSC 值）进行比较，判断 PPP 模式能否降低项目全生命周期成本。

PSC 值是以下三项成本的全生命周期现值之和：（一）参照项目的建设和运营维护净成本；（二）竞争性中立调整值；（三）项目全部风险成本。

文件称，应统筹定性评价和定量评价结论，做出物有所值评价结论。物有所值评价结论分为“通过”和“未通过”。“通过”的项目可进行财政承受能力论证，“未通过”的项目可在调整实施方案后重新评价，仍未通过的不宜采用 PPP 模式。由此可见，政府对社会资本的建设和运营成本相当看重，这两项成本关系到项目是否能够通过物有所值评价，是否最终选择 PPP 模式的问题。换句话说，社会资本已从拼融资成本到拼建设成本和运营成本。

以建筑工程例。有相当多的社会资本本身就有建筑行业资质，在中标 PPP 项目后，项目本身就由自己进行建设。在加入 PPP 项目的竞争中，其一方面需要比拼融资成本，还要比拼建设和运营成本。

目前我国关于建筑行业 PPP 项目成本控制的相关规定主要有：财政部《基本建设财务管理规定》（财建 [2002]394 号文）；财政部印发《中央预算内基建投资项目前期工作经费管理暂行办法》的通知（财建 [2006]689 号）；国家计委、建设部关于发布《工程勘察设计收费管理规定》的通知（计价格 [2002]10 号）；财政部、建设部关于印发《建设工程价款结算暂行办法》的意见（财建〔2004〕369 号）。

加强项目成本控制成为大多数建筑企业的长期经营战略。通常情况下，建筑工程成本指项目施工现场所耗费的人工费、材料费、施工机械使用费、现场其他直接费及项目经理为组织工程施工所发生的管理费用之和。此前在建筑工程施工过程中，由于长期以来对成本控制认识的局限性，成本意识淡薄，再加上有大量的工程等待建设，建筑企业为了快速扩张，没有充分发挥成本控制带来的优势，而是普遍采用了粗放型经营战略。因此，以往建筑工程项目成本居高不下，在建筑工程项目建设中预算盈利、结算亏损的现象时有发生。主要表现在：

一是人工费超支严重。在劳动力使用上，不按岗位、不按实际需要配备人员，能使用低工费的工种却使用高工费劳力，扩大人工费开支。

二是材料管理制度不健全。材料成本在施工企业工程成本中占相当重的比例。在工程造价的组成中，材料费占整个费用的60%左右。材料管理制度的不健全使企业损失很大。

三是机械设备完好率和利用率低，使用费高。具体有以几个方面：设备管理不到位，设备的使用、维护、保养不按操作规程办理，操作人员不能执证上岗，甚至造成人为损坏等现象；盲目投资，不能根据市场行情和项目施工需要作可行性分析来购买或租赁设备。项目完工后造成设备闲置，造成设备投资浪费。

四是合同管理混乱。合同管理是施工企业管理的重要内容，也是降低工程成本，提高企业经济效益的有效途径。部分建筑企业合同管理意识淡薄，对购货、分包工程、承包工程等合同知识知之甚少，导致合同管理混乱，企业遭受巨大经济损失。

随着现代建筑企业发展到成熟期，战略重点转向内部管理。不仅如此，社会资本在项目建设的同时还要为降低未来运营管理成本打好基础。

由于PPP项目建成后由社会资本长期运营，少则十多年，多数二三十年，有的水利项目生命周期长达50~100年。项目建成后运营管理关系到社会资本长期的切身利益，因此，从建设阶段社会资本就要充分考虑未来的运营成本问题。

专业研究认为，施工项目成本控制在于通过成本管理的各项手段，促进不断降低施工项目成本，以更为先进优化的设计理念为企业带来经济效益。

第一，优化规划设计方案，施工方案的优化选择是降低工程成本的主要途径。按照最优方案施工可以降低成本、加快进度、保证质量和安全，实现工程项目投入少产出大，从而提高经济效益。

在PPP模式下，建筑企业在前期即应从项目全周期角度考虑来确定规划设计方案。具体来说，方案应重点考虑如提高后期利用效率、采用更为人性化的设计理念、更为先进的建筑技术，最终降低施工及后期运营管理成本。

第二，培养人员成本控制意识，提高全员控制成本的能力。要着力培养内部的骨干队伍，提高劳务人员的素质，并且根据工程特点和进度，合理安排劳动力，避免重复用工，减少人工费超支。

第三，围绕项目成本控制目标对成本费用各项构成实行精细化管理，以最大限度地降低成本。

第四，健全成本管理监督机制，完善成本控制管理体系。在强化监督的同时，还要做好绩效考核，建立起奖罚分明的制度。只有真正做到责、权、利相结合，才能使成本控制真正落到实处。

第五，推广新工艺和新技术。实施技术攻关，积极推进技术创新。同时，要学习同行业施工新技术、新产品、新工艺实践应用经验，通过技术创新，降低工程建设成本，提高项目效益。

第六，加强工程设备设施的维修养护、升级改造、技术科技创新，将不断革新的现代科技运用到未来项目运营管理中。同时，转变管理理念，建立健全适应项目长期运营的管理体制与人才队伍，为未来项目的运营奠定坚实的基础。

从一例典型文化公益项目看 PPP 模式创新

在 PPP 模式中，不仅作为投资方的社会资本需要控制自己的融资、建设、运营成本，政府也可能通过创新模式控制 PPP 项目投资规模：一方面缓解政府支出压力，节省大量资金用于其他的基础设施和社会公益事业；另一方面，降低项目规模便于社会资本更有潜力和信心投资 PPP 项目，激发其投资热情。不仅如此，降低项目规模后还可以大大降低社会资本的资金压力和融资风险。这是社会资本乐于看到的。

众所周知，与自来水、污水处理、道路交通等不同，文化公益类项目由于经营收入大多难以覆盖运营成本且与公众利益密切相关，一直多为政府主导投资。各地文化公益项目多为政府投资、运营，但效果并不理想。然而，福州海峡文化艺术中心却探索出了文化公益类 PPP 项目的成功经验，在业内打造出可资借鉴的标准样本。

福建省福州市作为一座拥有两千多年历史的文化名城，有着很深厚的海洋文化背景。2015 年 9 月，作为一个文化公益类项目也是福州市的第一个 PPP 项目，被称作福州版“悉尼歌剧院”的福州海峡文化艺术中心正式落地。

公开资料显示，福州海峡文化艺术中心规划用地 237 亩，建筑面积约 15 万平方米，其中地面建筑面积约 10 万平方米，地下室建筑面积约 5 万平方米。该项目总投资 35.33 亿元，其中建设成本 27 亿元，融资补贴 5.65 亿元，运营补贴 2.68 亿元。预计运营成本为 3.4 亿元，除 2.68 亿元的运营补贴外，通过商业化运营的收入预计为 7200 万元。

福州海峡文化艺术中心 PPP 项目已于 2014 年 1 月份动工。研究发现，福州海峡文化艺术中心 PPP 项目与部分 PPP 项目的不同之处在于，部分 PPP 项目都是地方政府进行可行性研究、设计后，再对社会资本进行招标。而福州海峡文化艺术中心 PPP 项目采取与社会资本全过程合作的模式，即共同开展项目的设计、投融资、施工建设、管理以及运营维护等项目的全过程合作，充分发挥了各自的优势。

据福州地方政府项目负责人介绍，福州海峡文化艺术中心 PPP 项目最主要的考虑是投资成本。福州海峡文化艺术中心对 PPP 项目投资成本的控制非常严格。如建安工程成本按施工图预算下浮，至少下浮 2%。融资成本不能高于基准利率，利率原则上不能上浮，若确需上浮，上限不能超过 10%，且须报批招标人；上浮超过 10% 的，由社会资本合作方承担。运营收入不得低于 7200 万元，低于 7200 万元的由社会资本弥补不足。

需要着重说明的是，项目经营合作期 10 年，其中前 3 年是建设期，后 7 年为运营期。

在 PPP 模式下，项目公司需要进行后期运营，因此，社会资本在建设过程中就会从降低运营成本、获取最大收益的角度对原有的设计方案进行优化，同时也尽可能节约建设成本。而社会资本的此种想法，也正是地方政府所要达到的目标，即节约建设成本、降低运营成本，最后降低投资规模，也发挥了项目本身最大的社会效益和经济效益，对地方政府、社会资本以及公众而言都是好事，可谓一举多得。

以施工为例。在以往实践中，类似项目多采取概算或粗略预算作为基数，但水分很大。因此，福州地方政府对此项目明确要求按照设计方案必须做到施工图的深度，在施工的深度下编制预算，预算要经过财政评审中心的审核，在审定完的基础上再执行。

有金融机构相关人士表示，福州海峡文化艺术中心 PPP 项目的做法很先进，按照施工图进行招标，而一般都是根据概算招标；而且这个招标还需要下浮 2%，成功地节约了成本。

在该项目的招标中，设定了合理的投标人准入条件，优选专业资质高、技术能力强、管理经验丰富、财务实力雄厚和信誉状况良好的社会资本，共同开展项目的设计、投融资、施工建设、管理以及运营维护等项目的全过程合作，从最经济、高效的角度来考虑问题，优化设计、压缩成本，提高效率。

出于对 PPP 模式最大价值考量，福州地方政府重点是优选合作伙伴，提高效率、降低成本。

据媒体报道称，在福州地方政府选择社会合作伙伴之初，参与公开投标的人数不够，出现了两次流标。此后，转入竞争性谈判，由中国建筑集团下属的中建海峡建设发展有限公司作为社会资本合作方。而当地平台公司马尾新城建设发展有限公司与中建海峡注册成立项目公司，即海峡文体中心建设公司，注册资本一亿元，双方各占一半股份。

具体在项目本身的操作上，福州海峡文化艺术中心 PPP 项目采取将建设和运营分开的方式，即福州海峡文化艺术中心 PPP 项目拟规划建设的不同功能场馆中，艺术博物馆、影视中心、中央文化大厅及其配套的服务区作为 A 部分，包括其广告、地下商业停车场等由项目公司自营；歌剧院、音乐厅、多功能戏剧厅作为 B 部分，由福州文化广电新闻出版局通过公开招标方式，选择专业的运营商进行运营，项目公司负责提供辅助服务，如维修和配套服务。

第一，项目公司委托中标方进行施工总承包，即文化艺术中心的建设工程由中建海峡完成。

第二，福州市文化广电新闻出版总局授予项目公司特许经营权，由项目公司运营包括影视中心、艺术博物馆、中央文化大厅及其他配套服务区，如部分商业、广告项目等的 A 部分。

第三，项目公司选择专业运营商，对歌剧院、音乐厅和多功能戏剧厅（即

B部分）进行商业运营。

对于该PPP项目模式上的创新，专家认为，将歌剧院、音乐厅等专业性强、运营难度大的部分单独拿出来招商，选择专业运营商进行运营，是一种合理分配风险的方式，让专业的人做专业的事，让最有能力的合作者承担风险。这相当于二次招标，是突破之举。通过选择专业运营商来运营，目的就是能够使这个项目在建设运营过程中既做到成本最低，又做到收益最大。

而在总结福州海峡文化艺术中心的PPP项目时，福州地方政府项目负责人表示，该项目通过灵活运用PPP模式，合理配置经营资源，有着几方面的示范意义：

一是通过创新模式，控制投资成本。政府将当期投资的压力转化成运营期内的可行性缺口补助，用更少的资金撬动大量的社会投资，缓解了财政支出压力。此种模式促进财政预算安排更加科学、可控、合理，能平滑政府年度支出，政府腾出更多钱用于急需用钱的民生事业。

经测算，该项目如果政府直接投资，建设成本27亿元，3年建设，结算拉长到五年，每年政府要支付约5.4亿元；而引入PPP，建设运营时间拉长到10年，每年仅需支付3.5亿元。

二是缩短项目建设的时间，节省了时间成本，意味着项目可以早投入运营，早获得收益。

相比传统的施工招标及建设流程，通过创新PPP模式运作，设定合理的投标人准入条件，优选专业资质高、技术能力强、管理经验丰富、财务实力雄厚和信誉状况良好的社会资本，共同开展项目的设计、投融资、施工建设、管理以及运营维护等项目的全过程合作。

引入的社会资本合作方具有相应的设计施工资质，即可开展相应的设计和施工，不需要再通过二次的招投标环节缩短项目的建设时间。节省建设时间，项目早投入运营早获得投资回报，对政府和社会资本都是两全齐美的事情。

三是创新模式降低投资规模后，便于社会资本的进入，提高其参与PPP项目的兴趣。同时，对签订项目的社会资本方而言，还可大大降低其资金压力和融资风险。

四是通过统筹经营性收入、建设成本补贴、融资成本补贴和运营补贴等，搭建了清晰合理的商业模式，确保社会效益高但经济效益不高的公益性项目有可靠的收益，实现可持续运营，激发了社会资本投资的热情。

五是实行委托运营，风险分配的框架清晰合理，让专业的人做专业的事，让最有能力承担风险的合作者承担风险。

六是风险承担机制较合理。海峡文化艺术中心的特许经营期为 10 年，其中建设期为 3 年，运营期为 7 年。按合约，社会资本须实现项目公司 7200 万元的保底收入，政府可无偿使用艺术博物馆和中央文化大厅。融资利息高于同期银行基准利率 10% 以上的部分，由社会投资人承担，风险可控。

PPP 项目绩效激励设计

PPP 模式的优势在于通过科学合理的利益分配和风险分担机制，引导项目有效控制风险，激励社会资本发挥潜能，从而实现项目社会效益的最大化。

在社会资本投资 PPP 项目后，影响社会资本方收益水平的主要因素有三个方面：一是定价机制；二是价格调整机制；三是预期外因素导致实际收益发生变化。对于社会资本而言，较为现实的是与政府约定定价机制和价格调整机制，而政府则可以通过这几个方面对社会资本进行激励，以促进社会资本积极加入 PPP 项目。

首先，关于定价机制，政府应该提供合理的收益水平。比如水务行业使用的主要能源是电，研究显示，电费占水务行业生产成本的 40%，存在明显的能源供应及价格风险。

笔者认为，关于城市基础设施与公共产品或服务的定价存在一个利益平衡的问题，即公众总是期望质优价廉的公共产品或服务，而社会资本则期望获得更多利润。所以说，科学的定价机制非常关键，既能满足社会资本的投资收益要求，又不能损害广大社会公众的利益。作为 PPP 项目的设计方，政府要设计合理的定价机制，以平衡社会公众和投资者的利益，同时还要产生激励效果，促使社会资本积极建设、运营 PPP 项目。政府购买服务方案的核心思路是：按照市场规则核定各类业务的成本，在考虑合理利润的基础上，确定各类业务的单价。总之，一句话——社会资本需“盈利不暴利”。

一般情况下，供水企业的固定资产投资应限于直接用于生产和服务，符合地方政府城市总体规划。此类投入应使企业能够具有合理的、可满足特许经营区域内人口增长需求的、适度超前的供水能力，能够提供不低于国家标准的供水水质。用于固定资产投资的融资成本和用于日常经营的流动资金的融资成本应当接近于当地银行的平均条件。

在运营方面，自来水价格和污水处理价格成为水务行业重要的收入来源。自来水价格是自来水出售或其使用权转让的价格，包含自来水的经营成本、利润和税金。根据 1998 年 9 月国家发展计划委员会、国家建设部《城市供水价格管理办法》的规定，城市供水价格应遵循补偿成本、合理收益、节约用水、公平负担的原则，其中供水企业合理盈利的平均水平应当是净资产利润率的 8% 至 10%。

按照国家现行法规，采取 PPP 模式进行供水的企业在特许经营区域内对水费的收取额应足以覆盖公司供水业务的合理成本、税金（以及法定规费）和合理利润。其中合理成本包括合理投资成本和合理经营成本。

在水务行业中，污水处理费是一个重要的方面。污水处理费为城市污水集中处理设施按照国家规定向排污者提供污水处理服务而收取的服务费，以保证污水集中处理设施的正常运行。

在《中华人民共和国水污染防治法》、2002 年 4 月发布的《关于进一步推进城市供水价格改革工作的通知》和 2002 年 9 月 10 日发布的《关于推进城市污水、垃圾处理产业化发展的意见》中都对污水处理费的征收标准做出了指导性规定。

2015 年 1 月，国家发改委发布《关于制定和调整污水处理收费标准等有关问题的通知》（以下简称《通知》），《通知》规定合理制定和调整收费标准。污水处理收费标准应按照“污染付费、公平负担、补偿成本、合理盈利”的原则，综合考虑本地区水污染防治形势和经济社会承受能力等因素制定和调整。收费标准要补偿污水处理和污泥处置设施的运营成本并合理盈利。2016 年底前，设市城市污水处理收费标准原则上每吨应调整至居民不低于 0.95 元，非居民不低于 1.4 元；县城、重点建制镇原则上每吨应调整至居民不低于 0.85 元，非居民不低于 1.2 元。已经达到最低收费标准但尚未补偿成本并合理盈利的，应当结合污染防治形势等进一步提高污水处理收费标准。未征收污水处理费的市、县和重点建制镇，最迟应于 2015 年底前开征，并在 3 年内建成污水处理厂投入运行。

《通知》还提出加大污水处理费的收缴力度。对排水量明显低于用水量且排水口已经安装自动在线监测设施等计量装置的火力发电、钢铁等少数企业用户，经城镇排水与污水处理主管部门（以下简称“排水主管部门”）认定并公示后，按实际排水量计征；未安装自动在线监测设施等计量装置的，按用水量计征。要重点加强自备水源用户污水处理费的征缴，对取水设施已安装计量装置的自备水源用户，其用水量按照计量值计算；对未安装计量装置的用户，其用水量按照取水设施额定流量每日运转 24 小时计算。自备水源污水处理费由排水主管部门或其委托的单位负责征收。

同时，《通知》还鼓励社会资本投入。各地应充分发挥价格杠杆作用，合理制定和调整污水处理收费标准，形成合理预期，吸引更多社会资本通过特许经营、政府购买服务、股权合作等方式，积极参与污水处理设施的投资建设和运营服务，提高污水处理能力和运营效率。政府应严格按照运营维护合同约定，及时足额拨付污水处理运营服务费，确保收取的污水处理费专项用于城镇污水处理设施建设、运行和污泥处理处置。鼓励工业园区（开发区）内污水处理单位与污水排放企业协商确定污水处理收费，提高污水处理市场化程度和处理效率。

2015 年 4 月国务院发布了被称为“水十条”的《水污染防治行动计划》，其中明确提出加快水价改革。县级及以上城市应于 2015 年底前全面实行居民阶梯水价制度，具备条件的建制镇也要积极推进。

调查发现，国内多地均开始密集执行阶梯水价调整，水价上涨成为普遍现象，有的地方综合平均水价上涨超过 70%。

北京于 2014 年执行阶梯水价，由每立方米 4 元调整为一、二、三阶梯，分别为 4.95 元、7 元、9 元；杭州由每立方米 1.85 元调整为 2.9 元、3.85 元、7 元。

与供水价格类似，关于污水处理服务费原则上应覆盖企业污水处理业务的合理成本、税金和（或）法定规费、合理利润。其中，合理成本是指在计入包括折旧在内的完全成本并参考同期物价指数后予以确定。

其次，价格调整机制应当科学。价格调整机制是社会资本最为关心的内容之一。

一般情况下，污水处理 PPP 项目结算价格每 3 年核定一次。

以笔者所操作的某污水处理厂项目为例。该项目投资近 1 亿元，处理能力为每日 4 万立方米。关于"污水处理服务费"，甲方（某地方政府）和乙方（某社会资本）合同约定为：合同生效及污水处理项目公司成立后，建立双方污水运营费用保障机制。甲方在污水处理项目启动的同时，按日处理单位运行费用成本，财政将全年的污水运营费用列入本年度预算，同时另储备污水运营费用一年，存入双方约定的项目公司专户由银行监管。

在运营期内，运营费用实行动态管理，根据《建设项目经济评价方法及参数》有关财务内部收益率、投资回收期的要求，甲方每月向乙方支付污水处理服务费。暂确定如下：

一、污水处理厂保底水量为每日 4 万吨。

二、在运营期内，污水处理服务费包括以下两部分：

（1）4 万吨保底水量处理服务费按污水处理单价 ______ 元 / 立方米计费；污水处理服务费 = 污水处理单价 ×4 万吨水量；

（2）每隔三年，根据国家物价综合指数的上涨幅度，甲、乙双方共同协商并确定运营费的上调整比例。

（3）甲方提供进入污水处理厂的污水量超过 4 万吨基本水量，且在项目设计处理能力范围之内时，乙方全部处理，除按每日 4 万吨计算污水处理服务费之外，超额部分的污水处理服务费 = 污水处理单价 × 超出基本水量的处理水量 ×%。

此外，甲乙双方还对污水处理服务费单价的调整进行了约定：每年乙方可根据能源、原材料、人员工资的变动以及由于政策法规的变更影响等因素，计算下一年的污水处理成本，若有必要可以向甲方提供污水处理服务费单价计算依据（人工费、药剂费、电价、物价指数等）和申请调整污水处理服务费单价的要求，甲方应履行必要的审核、审批程序并在____个月内给予答复。

在污水处理服务费的支付方面，污水处理运营费按月向乙方支付。乙方应在每个运营月结束后 3 个工作日内按照计算的污水处理服务费金额向甲方开具账单或付款通知，并同时向甲方提供当月运营报告，包括处理水量、水质检测情况、设施运行状态等情况。

甲方每月 10 日以前（非工作日除外），将上月污水运营费（____元/吨 ×40000 吨/天 × 当月天数）划拨到由乙方发起成立的项目公司账号上。

如甲方对账单有争议，应在收到付款通知后____日内通知乙方，甲乙双方就争议部分进行协商，也可提请有资质的第三方进行确定。如双方对检验结果均无异议，则甲方应依照第三方结果支付污水处理服务费。

笔者研究发现，为保证污水处理费用结算价格稳定及效率激励，部分地方政府在与社会资本签订的 PPP 合同中，还有针对性的激励措施，鼓励社会资本在特许经营期内采取各种措施合理调配资源，激励社会资本增产节约，提高生产效率和降低成本，进而将结算价格控制在较低水平。

有 PPP 项目在与政府的特许经营协议中约定，在任意的连续两个价格核定期内，并在生产负荷基本相同的条件下出现单位成本下降，每期平均单位成本降幅超过某一比例，且降低后的实际成本低于可比的污水处理企业历史同期水平，地方政府将根据实际审核或审计结果，以最后一次成本实际降幅水平为计算基础，适度参考特许经营剩余期内各年度官方公布的物价指数，允许之后各价格期的结算价格保持稳定。同时，地方政府给予相关污水处理企业一定的奖励（包括税收方面的减免）。

一个污水处理项目的投资收益情况

国家环保总局环境规划院的一项预测显示，中国“十二五”和“十三五”时期废水治理投入将分别达 1.05 万亿元和 1.39 万亿元，其中工业污水达 4355 亿元。

“水十条”主要内容有：全面控制污染物排放，专项整治造纸、印染、化工等重点行业。加快水价改革，完善污水处理费、排污费和水资源费等收费政策，健全税收政策，加大政府和社会投入，促进多元投资。

污水处理行业经营模式以政府特许经营为主，通过获得特许经营权提供污水处理服务，服务对象多为政府，以政府采购的方式获得收益，直接面向居民提供服务的较少；大型企业通过收购兼并、BOT、委托运营等方式实现扩张。

污水处理行业主要竞争主体按公司性质可分为国有公司、投资型公司、外资公司，其中国有公司仍占据行业大部分市场。

由于污水处理行业相对于自来水供应而言较早开始市场化运行，行业毛利率水平尚可，近几年维持在 22% 以上。污水处理行业近几年规模持续扩张，营收快速增长，资产结构符合行业特点，盈利水平尚可，负债率适宜。

下面是笔者操作的一起污水处理项目投资的收益情况。

2015 年 1 月，根据某县政府城市规划以及某县工业园发展的需要，决定建设一座污水处理厂项目。工程设计规模 8 万立方米 / 天，总投资额约 10000 万元。由 H 环保公司以 BOT 模式运作，项目公司负责处理合同项下的污水并从中受益。

项目拟 10 年收回投资。

某县下辖 20 个乡镇和 1 个中心路街道办事处，200 个行政村，总人口 31 万人。目前某县城区日供水量约为 5.0 万吨，其中集中供水量 2.5 万吨 / 日，自备水源井供水量 2.5 万吨 / 日。根据城区总体规划，到 2015 年，污水厂收生活污水量和工业污水量为 2 万立方米 / 天，到 2020 年，污水厂收生活污水量为 3.46 万立方米 / 天。

一、财务估计

（一）基础数据

1. 经营期

经营期共计 26 年。自第二污水处理厂竣工验收之日起开始计算。

2. 财务基准收益率

财务基准收益率是项目财务内部收益率指标的基准和依据，是项目在财务上是否可行的基本要求，也用作计算财务净现值的折现率。根据本项目的特点，并考虑一定的风险溢价，本项目的财务基准收益率取 10%。

3. 税（费）率

（1）增值税方面：《财政部、国家税务总局关于资源综合利用及其他产品增值税政策的通知》（财税 [2008]156 号）规定，再生水（符合《再生水水质标准》有关规定）、污水处理劳务（符合 GB18918–2002 有关规定的水质标准）免征增值税。经当地环保部门审批建立的污水处理单位，通过一定的设备或工艺流程，将污水通过净化，达到排放或另行使用的标准，其向污水排放单位或个人等服务对象收取的污水处理费，或者政府委托某企业或某企业与政府签订协议专门从事生产和生活污水的处理，政府从财政上拨付污水处理费给企业，且政府拨付给企业的污水处理费构成企业的主要收入来源，所收取的污水处理费免征收增值税。

（2）所得税方面：企业从事符合条件的环境保护、节能节水项目，包括公共污水处理、公共垃圾处理、沼气综合开发利用、节能减排技术改造和海水淡化等，自项目取得第一笔生产经营收入所属纳税年度起，第一年至第三年免征企业所得税，第四年至第六年减半征收企业所得税。

（3）其他税收优惠政策：①减计收入总额。税法规定，企业以《资源综合利用企业所得税优惠目录》规定的资源作为主要原材料，生产国家非限制和禁止并符合国家和行业相关标准的产品取得的收入，减按 90% 计入收入总额。②设备投资抵免。《企业所得税法》第三十四条及《企业所得税法实施条例》第一百条规定，企业购置并实际使用规定范围内的环境保护专用设备，该专用设备投资额的 10% 可以从企业当年的应纳税额中抵免，当年不足抵免的可以在今后 5 年内结转抵免。由于这些优惠政策在实际操作中存在不确定性，在财务估算时未予考虑。

（二）项目收入估算

目前与某县政府商议的污水处理运营费为 0.75 元 / 吨，项目投资回收额为 0.74 元 / 吨，该项目污水处理费合计为 1.49 元 / 吨。政府承诺的保底水量为 4 万吨 / 天。当前实际污水处理量为 1.5 万吨 / 天，预计将在 8 年后即 2023 年达到保底水量。假设每年水量增长稳定，则换算的年均水量增长率为 15.04%，2023 年后水量维持此增长速度，将在 5 年后即 2028 年达到饱和水量 8 万吨 / 天。

（三）项目成本费用估算

1. 变动成本：（1）电费按照每吨水 0.24 元估计；（2）药剂投入主要为聚合氯化铝（0.025 元 / 吨水）以及聚丙稀铣胺（0.06 元 / 吨水），二者合计 0.085 元 / 吨水；（3）污泥处理费：污泥产出率为 2 吨 / 万吨水，单位污泥处理费 0.011 万元 / 吨，换算得出污泥处理费为 0.022 元 / 吨水。各年变动成本水量的变化情况与收入变动相同。

2. 职工薪酬：职工人数为 24 人，薪酬为每人一年 5.5 万元，职工薪酬总额按照每年 3% 的增长率增长。

3. 修理费：年维修率按总投资额的 1% 计算，即 108.07 万元 / 年。

4. 折旧费：折旧年限与运营期相同，为 26 年，取 5% 残值率。

5. 管理费：污水处理厂运营所需办公费、交通费等管理费用按照上述 1~4 项费用乘以综合费率 5% 预计（年均 50 万元左右）。

6. 财务费用：贷款比例按 100% 估计，贷款利率为基准利率上浮 10%，即 6.22%，贷款年限为 15 年，还款方式为等额本金法。

二、财务评价

（一）净现值分析

净现值是指特定项目未来现金流入的现值与未来现金流出的现值之间的差额，它是评价项目是否可行的最重要指标。按照这种方法，所有未来现金流入和流出都要用资本成本折算现值，如果净现值为正数，表明投资报酬率大于资本成本，该项目可以增加股东财富，应予采纳。

在资本成本为 10%，项目资金全部为自有资金的前提下，项目财务净现值为 3783.43 万元，静态投资回收期为 9.58 年，项目具有较强的盈利性。

在资本成本为 10%，项目资金全部为贷款的前提下，项目财务净现值为 1300.37 万元，静态投资回收期为 10.96 年，项目具有较强的盈利性。

（二）内含报酬率分析

内含报酬率是指能够使未来现金流入量现值等于未来现金流出量现值的折现率，或者说是使投资项目净现值为零的折现率。它是根据项目的现金流量计算的，是项目本身的投资报酬率。取项目净现值为零的情况下，计算得出若全部为自有资金则该项目的内含报酬率为 13.57%，若项目资金全部为贷款则内含报酬率为 11.14%。

（三）会计报酬率分析

会计报酬率 = 年平均净收益 ÷ 原始投资额 ×100%

如果无贷款，可以得出项目年均净收益为 1484.77 万元，除以原始投资额 10807.18 万元，得出该项目的会计报酬率为 13.74%。

如果 100% 贷款，可以得出项目年均净收益为 1329.77 万元，除以原始投资额 10807.18 万元，得出该项目的会计报酬率为 12.30%。

（四）敏感性分析

敏感性分析是投资项目评价中常用的一种研究不确定性的方法。它在确定性分析的基础上，进一步分析不确定性因素对投资项目的最终经济效果指标影响及影响程度。项目敏感性分析通常是在假定其他变量不变的情况下，测定某一个变量发生特定的变化时对净现值（或内含报酬率）的影响。

（五）最大最小法

该项目的主要不确定性来自于政府所给的单位污水处理运营价格及项目总投资额。首先，分析由运营价格产生的营业收入变动的影响：令净现值等于零，其他因素不变，求解此时的单位污水处理运营价格，其结果为 0.4647 元 / 吨。该数据表示，如果政府给出的运营价格为 0.4647 元 / 吨，即在总投资额 10807.18 万元，在回报率 10% 的情况下，污水处理总价格低于 1.2 元 / 吨（0.46 元 / 吨 +0.74 元 / 吨），净现值变为零，该项目不再具有投资价值。

其次，分析总投资额变动的影响：令净现值为零，因素保持基准状态，求解此时的总投资额，其结果为 14586.78 万元。该数据表明，在单位污水处理总价维持 1.49 元 / 吨不变的情况下，当总投资额上升至 14586.78 万元时，该项目不再具有投资价值。

（六）敏感程度法

敏感程度法分析需求的敏感系数，它表示选定变量变化1%时导致目标值变动的百分数，可以反映目标值对于选定变量变化的敏感程度。

先计算单位污水处理价格增减5%、10%和20%（其他因素不变）的净现值，以及单位污水处理价格变动时净现值的敏感系数。然后按照同样的方法，计算初始投资额变动对净现值的影响。

当污水处理价格降低20%就会使该项目失去投资价值，若这种可能性较大，就应考虑放弃项目。该变量是引发净现值变化的敏感因素，污水处理价格每减少1%，项目净现值就损失5.22%，或者说污水处理价格每增加1%，净现值就提高5.22%。

次要敏感因素是初始投资额，初始投资每增加1%，净现值就减少2.86%。

相对不很敏感的因素是贷款比例，但也具有一定影响。贷款比例每增加1%，项目净现值减少0.66%。即使贷款比例达到100%，该项目仍具有1300.55万元的净现值，此时的内涵报酬率为11.14%。

污水处理作为准公益性产品，长期以来污水处理价格仍然偏低，随着未来市场定价机制的完善以及社会资本的更多参与，污水处理价格必然会上涨，为污水处理企业赢得更大的利润空间。

第七章

绿色金融在 PPP 模式中的路径探索

中共中央、国务院 2015 年 9 月份发布的《生态文明体制改革总体方案》中首次明确提出“要建立我国的绿色金融体系”。所谓“绿色金融”，是指金融部门把环境保护作为一项基本政策，在投融资决策中考虑潜在的环境影响。“绿色金融”的作用主要是引导资金流向节约资源技术开发和生态环境保护的产业，引导企业的生产注重绿色环保。

本章导读

雾霾阴影下的环保压力

环保形势严峻，亟待绿色发展

绿色金融体系已成为国家战略

PPP 模式成绿色金融的新支点

PPP、绿色金融联姻助力生态建设

构建多层次的绿色金融市场体系

雾霾阴影下的环保压力

“在城市边缘地带，雾是深黄色，靠里一点儿是棕色的……直到商业区的中心地带，雾是赭黑色的。”这是《雾都孤儿》中对19世纪工业伦敦的描绘。

1952年爆发的伦敦烟雾事件是世界空气污染史上最惨重的一页，造成超过1.2万人过早死亡。半个多世纪过去了，当伦敦彻底告别“深黄色”时，我国的北方城市却逐年被灰色的雾霾笼罩，污染指数几度“爆表”。

2015年入冬以来，雾霾肆虐京津冀及周边地区，引起雾霾的各种说法甚嚣尘上。

据北京市环境保护监测中心官网数据显示，2015年11月30日，京西南区域点PM2.5最大值达到976微克/立方米。环保专家认为，当PM2.5超过1000微克/立方米（μg/m3）时，就空气颗粒物浓度而言，已基本相当于伦敦烟雾事件的污染浓度。

2016年1月4日，北京市环境保护局公布的数据显示，2015年空气质量达标天数为186天，占全年天数的51%，较2014年增加14天；重污染46天，占13%，较2014年减少1天；PM2.5重污染天数共42天，占全年总天数的12%，同比减少3天。

2015年年末的两个月，重污染大气较为集中。11~12月，发生重污染22天，占11月和12月天数的36%，同比增加15天。

一般认为，北京的雾霾由气态污染物二氧化硫、氮氧化物和可吸入颗粒物（PM）组成，后者被认为是造成雾霾天气的罪魁祸首。

多项研究显示，伦敦烟雾与北京雾霾对人类健康的危害主要在于增加呼吸系统疾病的发病率。十年来，中国的肺癌发病率增长比其他肿瘤都要快，北京十年来肺癌发病率相比以前增长了4倍。

雾霾背后是与之有关的不合理的经济结构：

第一，污染性的产业结构。主要指我国的重工业占经济的比重过高。数字显示，我国重工业占 GDP 的比重是主要经济体中最高的，而重工业单位产出导致的空气污染为服务业的 9 倍。

第二，污染性的能源结构。主要指煤炭一次能源消费的比重。我国常规煤炭占到能源消费的比例 67%，清洁能源占比只有 13%，为发达国家占比的三分之一到四分之一。科学研究表明，给定同样的当量，燃煤产生的空气污染为清洁能源的 10 倍。

以近年来雾霾问题最为严重的地区之一京津冀为例。根据京津冀地区战略环评项目组初步研究结果，2014 年，京津冀地区以不足全国 2.25% 的国土面积，创造了 6.6 万亿元的 GDP，占全国 GDP 总量的 10.4%。单位国土面积的 GDP 产出是全国平均水平的 4.64 倍。

从产业结构看，研究同时表明，近十多年，京津冀区域能源重化工业的比重大幅度提高，几乎占到整个工业部门产值的半壁江山。2013 年京津冀地区能源重化工产业的产值总计 4.4 万亿元，占全国的 11.8%；其中煤炭、钢铁、电力产值在全国的占比分别达 12%、23% 和 13%。

作为京津冀地区重要的工业城市，河北省唐山市很有代表性。以冶金、煤矿、建材、化工等高能耗、高排污的重工业为主的产业结构，以及以煤炭为主的能源结构，使得唐山的大气污染比较严重。仅冶金行业对唐山市 PM2.5 全年的平均贡献率就达 20%。

而从能源结构看，除北京、天津外，华北地区煤炭在能源消费结构中占比近 90%，远超全国平均水平。京津冀区域每年燃煤消耗量为 4 亿吨，占全国的十分之一；京津冀加上山东的煤炭消耗量更是高达 10 亿吨，占全国的四分之一。

重化工业的发展给大气环境带来了难以承受的沉重负担。

中国环境科学研究院专家表示，钢铁、水泥等工厂直接排放颗粒物，生成 PM2.5，一些工厂排放二氧化硫、挥发性有机物等，经过复杂化学变化，最终也成了 PM2.5。

总的来说，我国的经济增长主要依赖对资源的过度开发和利用，资源能源高消耗、污染排放高强度、产出和效益低下的特征明显。

业内专家指出，中央“十三五”规划建议明确提出“生态文明”要贯穿未来发展全过程，要彻底颠覆过去靠追求速度和数量来满足人民福祉需求的思路，对以往高耗能、低效率，传统的生产、生活方式加快改进速度，从源头、生产、消费、治理全过程贯彻“绿色化”的要求。由此可见，绿色发展要全面构建“科技含量高、资源消耗低、环境污染少的产业结构和生产方式”。

第三，污染性的交通运输结构。交通运输结构指清洁出行的比例和公路出行的比例。在我国城市当中，地铁出行的比例仅为 7%，93% 的出行靠公路。给定同样的运输量，私家车出行导致的空气污染是地铁的 10 倍。

相比近邻日本，其公共交通特别发达。如在东京，利用公交出行比自驾车更加经济高效。在东京的所有住户中，从其住宅到最近车站的距离不足 500 米者占 61.9%，超过一公里者只占 0.53%。从东京公共运输系统旅客分担率看，2009 年轨道交通占 77.7%，巴士占 15.1%，出租车占 6.6%。轨道交通运量大、对环境污染小、准时，是每天输送海量客流的主力。

东京铁路的发展由来已久，20 世纪初已经全部开通连结日本主要城市的铁路线，现在东京的两小时通勤圈内轨道网总长度达 2365 公里，远远超过巴黎、纽约和伦敦。

国际经验表明，从大规模治理到达到空气质量标准大约需要三四十年的时间。

20 世纪 50 年代美国发生了洛杉矶光化学烟雾事件，1970 年美国出台了《清洁空气法》。经过四十多年的综合治理，美国的 PM2.5 污染虽然已经大幅降低，但是 2011 年监测分析仍有 121 个县（占全国 4% 左右县）不能达到新标准。

“十二五”以来，我国以治理灰霾为起点，开始大规模制定改善环境质量的行动策略，预计至少到 2030 年左右能够得到显著改善。

相关资料表明，“十二五”期间《大气污染防治行动计划》与《水污染防治行动计划》所需要的财政预算就已接近 8 万亿元。据估算，在未来需要十几万亿元甚至是 20 万亿元才能基本完成“十三五”的环境任务。

以大气污染治理为例，中央财政预计未来 3 年总投入约 500 亿元，这与环保部测算的 1.7 万亿元的投资总需求相比实在太遥远。

鉴于此，环保部相关负责人表示，如果没有 PPP，没有新型金融工具，没有社会资本进入环境保护领域内，将难以完成“十三五”环境保护的任务。必须发展一个绿色金融体系，才能有效地推动投资结构和经济结构向绿色转型。

笔者认为，发展绿色金融的意义在于可以帮助推动改变投资结构，从而改变污染型的经济结构。

很显然，我国只有建立绿色金融体系，才能够缓解投资资金瓶颈的问题：通过建立绿色金融政策体系，推动绿色金融发展，将有限的财政资金作为杠杆，撬动数倍的社会资本投入到环境保护领域。

环保形势严峻，亟待绿色发展

目前，我国环保形势十分严峻。

2015 年 6 月，环保部发布《2014 中国环境状况公报》。

2013 年，全国生态环境质量总体“一般”。在 2461 个县域中，“优”、“良”、“一般”、“较差”和“差”的县域分别有 558 个、1051 个、641 个、196 个和 15 个。生态环境质量为“优”和“良”的县域占国土面积的 46.7%，“一般”的县域占 23.0%，“较差”和“差”的县域占 30.3%。

在 2014 年全国开展空气质量新标准监测的 161 个城市中，仅有 16 个城市空气质量年均值达标，145 个城市空气质量超标，达标城市不足 10%。全国有 470 个城市（区、县）开展了降水监测，酸雨城市比例为 29.8%，酸雨频率平均为 17.4%。

2014 年上半年，全国地表水总体为轻度污染。在被监测的 962 个国控断面中，Ⅰ ~ Ⅲ类水质断面占 62.8%，同比降低 0.9 个百分点；劣Ⅴ类占 10.7%，同比降低 0.8 个百分点。2014 年上半年，主要污染指标化学需氧量、总磷和氨氮的超标断面比例分别为 24.6%、22.1% 和 15.2%。与 2013 年同期相比，化学需氧量和氨氮超标断面比例分别下降 0.2 个和 1.6 个百分点，总磷超标断面比例升高 1.2 个百分点。十大流域中Ⅰ ~ Ⅲ类水质断面占 69.7%，劣Ⅴ类占 9.9%。

根据2014年4月环境保护部和国土资源部发布的《全国土壤污染状况调查公报》显示，全国耕地、林地、草地土壤点位污染物超标率分别为19.4%、10.0%、10.4%，加上受工业污染的土地，土壤污染的面积已经极大。

党的十八大提出，到2020年我国将基本实现工业化，国家新型城镇化规划提出，到2020年我国城镇化率将达到60%。未来5年还将是资源能源支撑工业化完成、经济爬坡过坎、城镇化进程推进的重要阶段，带来的污染排放新增压力仍将处于高位水平。

雾霾、黑臭水体等严重环境问题的凸显，使我国需要步入恢复生态环境的全面治理阶段："十三五"以及未来的10~20年，将围绕"气十条"、"水十条"、"土十条"三大领域的重点整治。

按照世界惯例，环保投入需占当地GDP的2%~3%，方能保障环境污染不再加剧，而之前二十多年我们的环保投入长期保持在1%以下。

党的十八届五中全会上，首次把"绿色"作为指导我国未来发展的五大理念之一，"绿色发展"成为我国"十三五"时期的主题词之一。在指导"十三五"时期的五大发展理念中，绿色发展是创新、协调、开放、共享发展的底色，也是主基调。

中共中央政治局审议通过的《关于加快推进生态文明建设的意见》，一大亮点是增加了"绿色化"的概念。

绿色发展就是在生态环境容量和资源承载力的前提条件下，将环境保护作为实现可持续发展重要抓手的一种发展模式。在"十三五"期间乃至更长的时间里，牢固树立绿色发展观念，谋划绿色发展布局，推进绿色生产和绿色生活，实现绿色共享。

而经济新常态有利于环境保护行业的发展：一是不再一味追求经济的增长速度，能源、资源消费增速下降。二是国家加大对落后产能的淘汰力度，严控高污染产业发展。三是人们对生存环境的要求越来越高。四是随着国家控制地方债，原由政府主导的基础设施领域的投资开始减速，社会资本积极介入，PPP模式开始逐渐发展起来。

国家大力推行生态文明建设，并提出"绿色化"理念，将对环保产业发展带来积极影响。

PPP 模式是拓宽环境保护投融资渠道，实现社会资本与环境保护需求有效融合的重要途径，大力推行政府和社会资本合作符合我国环境保护投融资机制创新的客观需要。

与交通运输、市政工程等领域不同，环境领域的 PPP 项目普遍具有诸多特点：一是公益性强。环境具有公共物品特性，环境保护项目普遍缺乏收费机制，除污水处理外，大部分不具有稳定的现金流。二是复杂性强。环境保护领域面广，涉及大气、水、土壤等多个领域和要素。三是技术性强。环境保护行业技术专业化程度较高。

在大气、水、土壤三个“十条”以及 PPP 等新模式的推进下，“十三五”环保市场潜力巨大，总的社会投资有望达到 17 万亿元。

据测算，从 2013 年起，“大气十条”就已经带来了 1.7 万亿元的投资；预计到 2020 年，水污染防治资金需求将达 4 万亿元。于 2015 年 4 月发布的“水十条”预计将在全国范围拉动两万亿元的投资规模；“土十条”则将为土壤修复治理产业吸引约十万亿元的投资。

在资金支持方面，2014 年中央财政先后安排专项资金 100 亿元，支持各地开展大气污染防治；在水污染防治方面，安排专项资金 55 亿元，支持 55 个水质较好的湖泊保护；安排 59 亿元专项资金，支持农村环境连片整治，持续强化土壤污染防治。

现实情况是，面对高达数万亿元甚至十万亿元级的环保领域投资，中央财政给予的财政支持显然还有相当的差距。在我国经济下行的大背景下，中央财政收入减缓，靠中央财政满足不了环镜治理所需的资金。而地方政府经过多年的大规模投资，目前已是债台高筑，地方可支配财力捉襟见肘。

来自环境保护部、中国人民银行、中国人民大学等部门和机构的课题研究认为，中国绿色融资需求巨大。2014 年至 2030 年，中国绿色金融资金需求少则 40.3 万亿元，多则将达到 123.4 万亿元。

银监会统计数据显示，到 2013 年底，全国绿色信贷仅占全部贷款余额的 9% 左右，占整个银行资产的 6% 左右。目前，我国每年新增信贷总量约为 10 万亿元，如果只有 10% 为绿色信贷，即 1 万亿元新增信贷为绿色，则只能满足每年 4 万亿元绿色投资需求的四分之一。

目前中国的绿色金融供给严重不足，仅 2013 年实现环境标准的绿色金融资金需求缺口就高达 2.8 万亿元。

根据世界自然基金会的测算，在资金需求总量上，“十三五”期间，中国绿色融资需求为 14.6 万亿元，若选择更高标准的环境修复方案，则资金需求高达 30 万亿元。近五年用于治理空气污染的费用就要 1.7 万亿元以上，财政供应的程度最多 10% ~ 15%。实现我们的可持续发展，包括能源的持续发展，不可不构建可持续发展和绿色金融。

面对亟待解决的环境污染问题，压力之下，我国开始改变思路，通过创新投融资模式以突破融资瓶颈，寻找治理环境污染的长效机制。在我国处于经济发展优化升级的大背景下，环保产业 PPP 模式的推进、发展需要金融机构的更多支持，我国亟待构建绿色金融持久供给的支撑保障体系。

PPP 模式走上了解决环境治理资金问题的历史舞台。2014 年以来，我国从顶层设计到实地推广，从中央布局到地方政策，从政府主动联系到社会资本积极响应，PPP 发展的“步伐”明显加快。

首先，中央政府从顶层设计入手，创新投融资模式。

2014 年 8 月 8 日，国务院印发的《国务院关于近期支持东北振兴若干重大政策举措的意见》称，在城市基础设施建设、环境治理等领域，积极推广 PPP 等模式。

2014 年 12 月 2 日，国家发改委文件《国家发展改革委关于开展政府和社会资本合作的指导意见》，规定“PPP 模式主要适用于政府负有提供责任又适宜市场化运作的公共服务、基础设施类项目。燃气、供电、供水、供热、污水及垃圾处理等市政设施，公路、铁路、机场、城市轨道交通等交通设施，医疗、旅游、教育培训、健康养老等公共服务项目，以及水利、资源环境和生态保护等项目均可推行 PPP 模式。各地的新建市政工程以及新型城镇化试点项目，应优先考虑采用 PPP 模式建设。”

其次，在操作层面，环保类 PPP 项目走在了其他 PPP 项目的前列，为其他 PPP 项目树立了标杆。

2015 年国家的 PPP 项目和各地的 PPP 项目中大量涉及环保类项目，PPP 项目加速掀起环保的“建设潮”。

资料显示，2015 年 5 月 25 日，国家发改委于开辟 PPP 项目库专栏，公开发布 1043 个 PPP 推介项目。项目库中环保及公用事业类项目共计 418 个，投资金额约 2460 亿元。对比交通、公服等其他类型 PPP 项目，环保及公用类项目在数量上占主导，是目前全国探索 PPP 模式的重点领域。

据估算,在未来需要十几万亿元甚至是 20 万亿元才能基本解决“十三五”的环境任务。环保部相关负责人表示，如果没有 PPP，没有新型金融工具，没有社会资本进入环境保护领域内,将难以完成“十三五”环境保护的任务。

再次，各类金融机构也看好环保产业。

目前多家环保类的产业基金纷纷成立。作为一种私募股权基金，环保类的产业基金成立后，在全国各地大力推广环保 PPP 项目。

最后，环保 PPP 领域不断进行创新性商业模式探索。

环保及公用事业类 PPP 项目主要覆盖了供水、水处理、固废垃圾处置、垃圾焚烧发电等可实现长期、稳定回报的市政环保项目。此外，还包括生态环境治理、开发的项目。

2015 年 4 月财政部出台《特许经营管理办法》后，环保部、财政部联合发布水污染防治领域 PPP 实施意见，强调模式创新。

笔者在实践中了解到，目前，河道治理项目没有形成稳定的收费机制，没有解决投入成本与绩效指标间的关联问题。因此，河道治理是 PPP 模式中比较难以落地的 PPP 项目类型。

目前，在河道治理领域比较成功的样本是广西南宁那考河 PPP 模式治理项目。广西南宁那考河采用 PPP 模式创新河道治理，取得初步效果，引起各界关注。

作为 2015 年全国首个落地的流域治理 PPP 项目、广西首个 PPP 项目、南宁市政府向国家申报海绵城市示范区范围内的重点项目，那考河流域治理 PPP 项目。那考河项目集城市河道治理按效付费、PPP 模式、海绵城市设施、黑臭水体整治以及国内首个竞争性磋商项目于一体，在政府支持、融资成本等方面具有突出特点。

该项目被作为 2015 年南宁市重点工程。工程河道整治范围为南起规划的茅桥湖北岸，北至环城高速路。治理主河道长 5.2 千米，支流河道长 1.2

千米，全长 6.4 千米。根据官方公布的信息显示，整个那考河流域治理项目包括河道整治工程、截污工程、污水处理工程、河道生态工程、河道沿岸景观工程、海绵城市示范工程和信息监控工程，共 7 个子项工程内容。项目总投资约 11.9 亿元，合同期限为 10 年，其中建设期为两年。项目进入运营期以后，按季定期支付流域治理服务费。

业内人士普遍认为，按效付费使得 PPP 项目在黑臭水体治理领域的落地前进了一大步，能推动项目方在运营过程中的不断改进。该项目也是国内首个集流域治理、海绵城市于一体的 PPP 项目，对于创新环境治理模式具有重要的示范意义。

具有多种功能和作用的 PPP 模式，将成为社会发展的“绿色”推动力。据介绍，我国政府有关部门从 2007 年发布绿色信贷指引，鼓励商业银行投资绿色行业。

绿色金融体系已成为国家战略

所谓“绿色金融”，是指金融部门把环境保护作为一项基本政策，在投融资决策中考虑潜在的环境影响。绿色金融就是金融机构将环境评估纳入流程，在投融资行为中注重对生态环境的保护，注重绿色产业的发展。“绿色金融”的作用主要是引导资金流向节约资源技术开发和生态环境保护的产业，引导企业的生产注重绿色环保。

资料显示，“绿色金融”的发展历史可以追溯到 20 世纪的 70 年代。早在 1974 年，当时的联邦德国就成立了世界第一家政策性环保银行，命名为“生态银行”，专门负责为一般银行不愿接受的环境项目提供优惠贷款。而 2002 年，世界银行下属的国际金融公司和荷兰银行提出了一项企业贷款准则。这就是国际银行业赫赫有名的“赤道原则”。这项准则要求金融机构在向一个项目投资时，要对该项目可能对环境和社会的影响进行综合评估，并且利用金融杠杆促进该项目在环境保护以及周围社会和谐发展方面发挥积极作用。

目前，“赤道原则”已经成为国际项目融资的一个新标准，全球已有六十多家金融机构宣布采纳“赤道原则”，其项目融资额约占全球项目融资总额的 85%。而那些采纳了“赤道原则”的银行又被称为“赤道银行”。

在我国的银行业金融机构中，目前只有兴业银行一家“赤道银行”，这反映出我国“绿色金融”的发展尚处于起步阶段。

研究发现，就目前发展而言，人们对于“绿色金融”的关注点仍主要集中在银行业，尤其是银行的信贷业务方面，即“绿色信贷”。

中国人民银行研究局首席经济学家、中国金融学会绿色金融专业委员会主任马骏指出，在中共中央、国务院 2015 年 9 月份发布的《生态文明体制改革总体方案》中，第 45 条首次明确提出“要建立我国的绿色金融体系”。中共中央在对“十三五”规划的建议中，再次明确提出要发展绿色金融。

与传统金融相比，绿色金融最突出的特点是更强调人类社会的生存环境利益，它将对环境保护和对资源的有效利用程度作为计量其活动成效的标准之一，通过自身活动引导各经济主体注重自然生态平衡。它讲求金融活动与环境保护、生态平衡的协调发展，最终实现经济社会的可持续发展。

对于我国未来如何推动“绿色金融”的发展，业内专家有如下的建议：

第一，应加大绿色金融政策引导。作为国际“绿色金融”主要发源地之一的德国，经过数十年发展，其相关政策已较为成熟，体系也较为完善。

借鉴发达国家在绿色金融政策方面的先进经验，我国应尽快出台对“绿色信贷”的扶持政策，制定“绿色信贷”目录指引、项目环保标准和环境风险评级标准，放宽“绿色信贷”规模控制，实施差别信贷政策，使商业银行开展“绿色金融”业务有利可图。

第二，健全绿色金融法律法规。国家应加快节能减排法制化进程，通过国家立法确定节能减排约束性指标，从而让“绿色金融”有法可依、有章可循。要发挥当地政府在资金筹集和投向等方面的政策引导作用，支持社会资本进入城市污水处理、空气污染治理、城市园林绿化行业领域等多项国家发展政策应该细化和落地。

第三，建立对绿色信贷的贴息机制。如贴息 3% 就可以撬动 100% 的贷款本金，即用 1 元钱的政府资金撬动 33 元钱的社会资本投资于绿色产业。

德国实施“绿色金融”的主要经验之一便是国家参与。德国出台政策，对环保、节能项目予以一定额度的贷款贴息，对于环保节能绩效好的项目，可以给予持续 10 年、贷款利率不到 1% 的优惠信贷政策，利率差额由中央政府予以贴息补贴。

实践证明，国家利用贴息的形式支持环保节能项目的做法取得的效果很好，“杠杆效应”非常显著，可以利用较少资金调动起一大批环保节能项目的建设和改造。

第四，建立有政府参与的绿色产业基金。绿色产业基金可以引导社会金融资本加大对绿色产业的投入力度，是绿色信贷的重要补充。建立公共财政和私人资本合作的 PPP 模式的绿色产业基金，是推动绿色产业基金发展的重要路径。

国内外经验表明，有政府参与的 PPP 模式的绿色产业基金投资于绿色项目，可以有效吸引社会资本跟投。

财政补贴和贴息是支持中低利润甚至无利润环保项目的重要手段，但如果全部依赖财政补贴或贴息，财政压力势必太重，也不切实际。

事实上，中国当前的 PPP 模式主要应用于污水处理厂、垃圾焚烧发电厂等绿色项目层面，真正推广到中低利润甚至无利润的绿色项目还是少之又少。因此，如何使低利润甚至无利润的环保项目得获社会资本支持是绿色产业发展的一个瓶颈问题。鉴于此，由有财政资金参与的 PPP 模式的绿色产业基金引导社会资本投向中低利润甚至无利润的环保项目的力度，是推动我国 PPP 环保项目落地的重要措施。PPP 模式的环保产业基金不仅将绿色产业发展与金融投资目标有效融合，而且引入市场化机制和契约精神，有利于绿色产业可持续发展。

与一般产业基金不同，PPP 模式的绿色产业基金独具特色，其发挥着项目建设和运营的融资平台作用，打破了基金不参与项目建设运营的惯例，在对冲项目风险的同时，也降低了整个项目融资成本。因此，我国可通过放宽准入、减免税收、补贴和土地政策等措施来支持绿色产业基金的发展。

第六是通过发行绿色债券为当地的中长期、有稳定现金流的项目提供融资。通过对国外绿色金融方面的研究，发现许多地铁、轻轨、新能源、污水处理等项目很适合通过发行绿色债券融资。

第七，加快金融机构改革。在国家积极倡导绿色金融的大背景下，金融机构应改变传统经营理念，积极推进业务转型。

具体来说，要在日常经营活动中引入环境观念，加强员工环保意识和业务流程的环境评估。商业银行需把金融创新、实现战略转型、发展综合经营和发展绿色金融有机结合起来，创造性地通过贷款、理财、担保、租赁、信托等多种金融工具积极发展绿色金融市场。

此外，专家还建议，在 IPO 相对比较困难、拟上市企业“堰塞湖”的现实背景下，我国应完善对绿色产业的扶持政策，建立环保企业上市的绿色通道，鼓励技术先进、能为我国环境治理作出突出贡献的中小企业积极上市，提高环保企业上市募集资金投资项目的灵活性。

PPP 模式成绿色金融的新支点

“绿色金融”有着两层含义：一是金融业如何促进环保和经济社会的可持续发展，引导资金流向节约资源技术开发和生态环境保护产业，引导企业生产注重绿色环保；二是指金融业自身的可持续发展，避免注重短期利益的过度投机行为。

当前，我国进入了经济结构调整和发展方式转变的关键时期，绿色产业的发展和传统产业绿色改造对金融的需求日益强劲，“绿色金融”的概念越来越成为社会各界普遍关注的焦点，越来越受到国内众多金融机构的追捧，“绿色金融”成为金融机构，特别是银行业发展的新的趋势和潮流。

绿色金融作为一种制度创新，在促进环境保护和生态建设方面具有十分重要的作用。而在结构调整的压力和严峻的环境形势下，绿色金融在中国被赋予了更多使命，被提到了更高的位置。

绿色经济增长模式对资金的需求巨大。研究表明，我国未来每年绿色投资的需求将达 2 万亿 ~4 万亿元，其中财政每年约能投入绿色产业 3000 亿元。

根据《2013 中国气候融资报告：公共资金机制创新》中的统计预估，要实现哥本哈根会议上提出的到 2020 年年底把单位碳排放强度减少 40%~45% 的目标，相关资金融资缺口超过每年两万亿元。

除此之外，我国要实现绿色“城镇化”也面临较大的融资需求。据估计，在未来 10 年的城镇化进程中，投资需求总额约为 40 万亿元，相当于每年需要约 4 万亿元的资金支持。公共资金占比通常不到 30%，其他来自私营企业的部分预计将达到 2.8 万亿元。

专家指出，目前，我国绿色金融存在诸多问题，主要体现在以下几个方面：

第一，缺乏良好的政策和市场环境。目前，“绿色金融”在我国还处于起步阶段，有关绿色金融的环保政策、法律体系还不完善。环境经济政策也还处于酝酿和探索阶段。

第二，缺乏内外部激励和监督。一是我国金融机构股东、投资者、员工环境保护和社会责任意识还不强。二是“绿色金融”在我国金融机构处于探索层面，还没有完全提升到金融机构的战略层面，金融机构发展绿色金融的战略准备工作进展比较缓慢。三是金融机构还没有建立起与绿色金融配套的制度。金融机构内部的环境保护和社会责任意识很容易被经营考核压力和经济效益冲淡。四是政府部门还没有建立起对金融机构发展绿色金融的激励机制。五是专业技能方面，金融机构还缺乏环保专业知识，缺乏一批了解绿色技术、熟悉绿色项目业务模式的信贷和客户管理队伍，对绿色项目的评估能力有待提高。

虽然存在诸多不足和现实困难，但绿色金融在我国发展迅速。在绿色金融实践方面，我国正大胆地进行探索和尝试。

第一，绿色金融体系的构建和相关政策正不断出台。在 PPP 模式下，为保证社会资本的积极性，来自政策层面的激励机制正不断出台。笔者了解到，此前有在更多领域实现强制性的绿色保险、明确银行的环境法律责任、证监会和证券交易所应建立强制性上市公司环保信息披露机制等建设，预计“十三五”期间我国将完成绿色金融体系的构建。

第二，各类金融机构不断进行金融模式创新。德国是国际“绿色金融”的主要发源地之一，除了上述“对环保、节能项目予以一定额度的贷款贴息，对于环保节能绩效好的项目，可以给予持续 10 年、贷款利率不到 1% 的优惠信贷政策，利率差额由中央政府予以贴息补贴”外，德国还充分发挥政策性银行的作用。

德国复兴信贷银行在整个“绿色金融”体系中始终发挥了重要的作用，不断开发出“绿色金融”产品。复兴银行的节能环保的金融产品从最初的融资到后期金融产品的销售都没有政府的干预，各项活动都通过公开透明的招标形式开展，保证了过程中的公正、透明，政府的主要作用就是提供贴息及制定相关的管理办法，这样保障了资金能得到高效、公平的使用。

在我国，各类金融机构正不断进行金融模式创新。据了解，我国开发性、政策性银行对国家重点扶持的基础设施项目，如水利、污水处理、棚改等项目进行特殊信贷支持——长期优惠利率贷款等，这种贷款对项目回报率要求也较低。国开行 2014 年和 2015 年上半年对棚改项目提供的贷款就超过了 7000 亿元，这类性质的贷款正是 PPP 项目所需的。

除开发性、政策性银行外，还有商业银行参与到 PPP 项目中。作为 PPP 项目重要的资金提供方，国内部分商业银行通过资金融通、投资银行、现金管理、项目咨询服务、夹层融资等方式参与 PPP 项目。

此外，证券公司为 PPP 项目公司提供并购融资、财务顾问、债券承销等业务，开发债券产品，通过资产证券化、资管计划等方式介入。

信托公司通过直接和间接两种模式参与 PPP 项目。一是信托公司直接以投资方的形式参与基础设施建设和运营，通过项目分红收回投资，如发行产品期限较长的股权或债权信托计划，资金来源主要是银行、保险等机构；二是信托公司作为 PPP 模式中的间接融资方，或者与其他社会资本作为联合体共同投资项目公司，但需要有合理的退出机制。

第三，金融机构围绕“绿色金融”开展一体化的工作。对于绿色金融，部分金融机构正有效展开组织保障、企业文化、人才、政策的战略准备工作。

一是在加强专业化人才队伍建设。专业化人才队伍是金融机构发展壮大和大范围推广业务的核心保障。因此，金融机构围绕 PPP 模式加强绿色金融职业教育培训，培养相关专业化人才的培育步伐，提升从业人员的业务水平。

二是在业务流程创新上，金融机构在如何将环境因素嵌入业务决策流程、如何开发绿色金融产品和服务、如何进行环境风险评估和管理等诸多方面取得了长足的进步，积累了丰富的经验，并且成功诉诸于实践案例，取得了非常好的示范效应。

PPP、绿色金融联姻助力生态建设

生态文明建设已经成为全球共识，绿色、低碳的发展理念已经成为我国经济发展方式转变的重要方向。

2015 年 9 月，中共中央、国务院发布《生态文明体制改革总体方案》，明确了建立绿色金融体系的总体规划。《中共中央关于制定国民经济和社会发展第十三个五年规划的建议》中，在“坚持绿色发展，着力改善生态环境”部分明确提出了“发展绿色金融，设立绿色发展基金”。

显然，“绿色化”和“绿色金融”一定会成为中国经济可持续发展的新引擎。绿色金融在促进环境保护和生态建设方面将具有十分重要的作用。

国务院印发的《关于积极发挥新消费引领作用　加快培育形成新供给新动力的指导意见》，强调要建立绿色金融体系，发展绿色信贷、绿色债券和绿色基金。

事实上，近年来，绿色债券、绿色证券、绿色保险、环境基金等创新型金融产品不断涌现，金融和生态环境保护融合的广度和深度不断拓展。

从政府和金融机构层面而言，我国正在不断加大金融对生态文明建设的支持力度：财政部、环保部、人民银行等部门高度重视绿色金融的发展，相继出台了一系列规范性文件，加强金融政策与产业政策的协调配合，严格控制对高耗能高污染行业、环境违法企业的资金支持，引导各金融机构创新绿色金融产品和服务，加大对绿色产业、节能环保等领域的支持力度，不断完善和规范绿色金融体系的健康有序发展。

而嫁接 PPP 模式，无疑是绿色金融促进生态建设的重要方式和必要途径。

笔者了解到，目前国内部分地方政府正鼓励社会资本参与城市绿色基础设施投资、建设与运营，包括以 PPP 模式推进绿色产业基金的发展，鼓励以 PPP 模式助力生态建设。

媒体报道称，作为全国首个“生态文明先行示范区”，福建省近年来一直在探索用市场之手推动环境保护工作，并且取得了良好的效果。

福建省提出建立吸引社会资本投入生态环境保护的市场化机制，构建环境现代化治理体系。福建省相关负责人表示，生态环境保护工作需要大量的资金投入，但地方政府的财政预算每年能投入到节能环保、清洁能源等绿色领域的资金是有限的。需要充分发挥市场机制，大力发展 PPP 模式。未来福建省将进一步完善排污权有偿使用和交易制度，推进环境污染第三方治理，稳步推进环境高风险领域建立环境污染强制责任保险制度，全面推行企业环境信用评价制度。

为调动社会资本参与 PPP 项目的积极性，福建省将加快构建激励绿色投资的金融体系，通过信贷、产业基金、股票、债券、保险等金融服务，更好地助力生态建设和环境保护。

福建省还将进一步探索以市场化机制推进生态环境保护工作，调动社会资本参与 PPP 项目的积极性，构建环境现代化治理体系。

在绿色金融促进生态建设领域，一方面是政府的积极介入，另一方面则是金融机构对 PPP 模式的大力推广。

据了解，我国的 PPP 项目主要依赖银行融资，并且银行贷款融资方式往往需要担保或者抵质押，融资渠道相对狭窄。随着一系列利好政策的不断出台，银行支持 PPP 的投资机制将更加明晰。

继 2014 年各部委连续发文支持 PPP 模式后，2015 年 3 月 16 日，国家发改委联合国家开发银行印发《关于推进开发性金融支持政府和社会资本合作有关工作的通知》(以下简称《通知》)，要求发挥开发性金融积极作用，推进 PPP 项目顺利实施。

《通知》明确了开发银行在监管政策允许范围内可给予 PPP 项目差异化的信贷政策：一是加强信贷规模的统筹调配，优先保障 PPP 项目的融资需求；二是对符合条件的 PPP 项目，贷款期限最长可达 30 年，贷款利率可适当优惠；

三是建立绿色通道，加快PPP项目贷款审批。

在中国经济的转型升级过程中，国开行将发挥举足轻重的作用。国开行作为中长期投融资主力银行，这是其中最好的填充。作为中长期融资银行，开发性金融加入PPP项目，对社会引导意义很大，对社会资本起到引领示范的作用，为PPP模式的推广提供强大的助推作用。

据介绍，无论是政策性金融还是开发性金融，都有一个核心特征，即保本微利，不纯粹以盈利为目标。另外，开发性金融资金多、数额较大、期限长，正符合PPP项目的融资需求。

除了国家开发银行发挥开发性金融的积极作用，推进PPP项目的顺利实施，其他金融机构还积极布局PPP项目。比如在国家重点扶持的基础设施项目如水利、污水处理、棚改等进行信贷支持。

《中国信贷风险报告》显示，近来，多地银行参与的PPP项目破土，透露出银行对PPP模式的青睐。

2015年6月，民生银行以8.24%最低年化收益率中标钓鱼嘴PPP整治项目。2015年6月，安徽省担保集团与中国进出口银行合作的首笔PPP模式融资担保项目（创新业务固定资产类贷款）顺利放款。这是安徽省担保集团首笔PPP模式融资担保业务，是集团对PPP项目模式的一种探索和实践。

据了解，上述PPP模式融资担保项目贷款企业为宿州市利和水处理有限公司，贷款金额为8600万元，贷款期限为12年。宿州市利和水处理项目是城市基础设施项目，采取特许收费权的方式，民营资本参股49%。

构建多层次的绿色金融市场体系

“他山之石，可以攻玉。”在发达国家或地区，与绿色金融相关的制度安排和绿色金融产品已经有几十年的发展历程，在推动绿色投资对经济结构转型和可持续发展方面起到了十分积极的作用，也为世界上准备进行经济结构调整的国家提供了重要的借鉴。

据了解，在绿色金融体系建设方面具有标杆和示范性的国家主要有英国、韩国等。英国绿色投资银行是世界上第一家专门致力于绿色经济的投资银行，为绿色基础设施项目进行融资，并带动私人投资介入。而在亚洲的韩国，2008 年之后出台《低碳绿色增长战略》和绿色金融计划，大量投资于保障全国生态基础设施的建设、低碳技术的开发、绿色生活环境，为韩国经济发展提供了新的增长动力。

借鉴国际先进经验，我们注意到绿色金融体系的重要性：通过贷款、私募投资、发行债券和股票、保险等金融服务，将社会资金引导到环保、节能、清洁能源和交通等绿色产业发展的一系列政策、制度安排和相关的基础设施建设上。

笔者认为，在我国大力推进 PPP 模式和积极建设绿色金融体系的大背景下，结合二者的优势，促进二者之间相互促进，加快建立统一、规范的多层次绿色金融市场体系十分必要。

概括来说，我国多层次绿色金融市场主要指通过建立健全的法律法规和完善的标准体系，设立绿色银行、绿色债券、PPP 绿色基金等，以满足多层次的投融资需求，提高市场整体竞争力。

绿色金融体系既要有政策支持，也要有社会资本参与。在我国，农业银行、工商银行、国家开发银行等金融机构和主板、创业板、新三板等多层次资本市场早已开始了绿色金融的实践。

一、在绿色信贷方面。在国家大力推动节能环保产业发展、驱动经济绿色转型背景下，绿色金融近几年越来越受到国内众多金融机构特别是银行的追捧。

2015 年年初，中国银监会、国家发改委联合发布《能效信贷指引》，鼓励金融机构积极开展能效信贷业务，支持产业结构调整和企业技术改造升级。

数据显示，银行业绿色信贷余额已从 2007 年的 3400 亿元上升到 2014 年的 7.59 万亿元。七年间增长了 22 倍。

有专家预测，未来 5 年内，中国绿色金融的资金需求规模在 14 万亿元到 30 万亿元之间，即使按照低限计算，年均融资规模也将达约 3 万亿元。

公开资料显示，国内最早开展绿色金融业务的是兴业银行。早在 2005

年，兴业银行就创造性地引入了国际金融公司（IFC）损失分担机制，首推能效项目融资，创造了多项业内第一：2007 年成为国内首家提供碳金融综合服务的银行；2008 年采纳赤道原则，成为中国首家“赤道银行”；2009 年成立当时国内唯一的可持续金融专营机构——可持续金融中心；2010 年陆续推出首笔碳资产质押贷款、首笔排污权抵押贷款、首张低碳信用卡等创新金融产品；2011 年成功落地国内首笔自愿适用赤道原则项目；2014 年首发绿色金融资产支持证券，制订环境金融 PPP 业务营销指引。

经过多年发展，兴业银行已形成涵盖节能环保融资服务、排放权金融服务、个人低碳金融服务、实现企业和个人金融服务全覆盖的绿色金融产品服务体系。

权威专家指出，中国“十三五”期间绿色金融优先突破的领域，即构建从中央到地方的绿色银行体系、发展绿色债券、支持发展绿色 PPP、建立 IPO 程序中的绿色通道、建立碳交易体系、发展碳金融、健全上市公司环境信息披露制度。

二、在绿色债券方面。绿色金融债券是金融机构法人依法在银行间债券市场发行的、募集资金用于支持绿色产业项目并按约定还本付息的有价证券。

就全球市场而言，自 2007 年第一只绿色债券发行以来，截至 2015 年 9 月底，全球总共发行了 497 只绿色债券，且发行量逐年递增。

2014 年，债券融资已经占我国社会融资总额的近 20%，该比例未来有望上升到 30%。借鉴国际先进经验，绿色债券是绿色基础设施融资的主要工具，是为支持环境保护及应对气候变化项目而发行的融资债券。参照全国债市融资占社会融资规模的比例，未来我国的绿色债券市场有望提供 20% 至 30% 的绿色投资，成为仅次于绿色信贷的第二大绿色融资渠道。

2015 年 12 月，中国人民银行发布 2015 年 39 号公告，在银行间债券市场推出绿色金融债券。

公告所称金融机构法人，包括开发性银行、政策性银行、商业银行、企业集团财务公司及其他依法设立的金融机构。公告鼓励政府相关部门和地方政府出台优惠政策措施支持绿色金融债券发展，鼓励各类金融机构和证券投资基金及其他投资性计划、社会保障基金、企业年金、社会公益基金等机构投资者投资绿色金融债券。

专家称，绿色金融债券的推出，为金融机构通过债券市场筹集资金支持环保、节能、清洁能源、清洁交通等绿色产业项目创新了筹资渠道，有利于增加绿色信贷特别是中长期绿色信贷的有效供给，是建设绿色金融体系的一项重要举措，对于提高经济绿色化程度、推进我国生态文明建设、促进经济社会可持续发展具有积极意义。

三、在绿色证券方面。主要指金融机构运用证券市场工具帮助大型的环境基础设施或节能减排项目融资，并为企业提供与环境相关的避险工具，如绿色资产抵押支持证券、气候衍生品等。

四、在绿色保险方面。主要指按照与环境相关的特点，不断完善为清洁技术以及减排活动而定制的保险产品，如环境污染责任保险、节能减排保证保险等。

总之，构建多层次绿色金融体系，是金融助力 PPP 模式的重要举措，也是建设绿色生态环境的需要。

第八章

PPP 模式的融资创新

具有诸多优点的 PPP 模式被国家重点推广。但金融机构对 PPP 项目的信贷风险管理机制尚不健全，制约金融机构推广 PPP 模式。因此，创新融资模式、完善融资机制是 PPP 项目顺利实施的重要保障。

本章导读

创新 PPP 项目投融资新模式

混合所有制改革的核心模式

融资租赁开启 PPP 模式的新纪元

社会资本如何面对“劣币驱逐良币”

创新PPP项目投融资新模式

从20世纪80年代开始，我国就开始PPP模式的应用。

自2014年起，国务院、国家发改委、财政部连发多个文件力挺PPP模式。2014年10月，国务院发布《关于加强地方政府性债务的管理意见》（简称43号文），堵死了地方融资平台新增负债投资基建项目的渠道。在地方政府债务承压的困难局面下，以PPP模式引入社会资本成为解决问题的核心。

2015年3月，国家发改委、国家开发银行联合印发《关于推进开发性金融支持政府和社会资本合作有关工作的通知》，对发挥开发性金融的积极作用，推进PPP项目顺利实施等工作提出具体要求。《通知》要求，各地发展改革部门要积极引入外资企业、民营企业、中央企业、地方国企等各类市场主体，灵活运用基金投资、银行贷款、发行债券等各类金融工具，推进建立期限匹配、成本适当以及多元可持续的PPP项目资金保障机制。

在PPP模式的推广中，多数情况下由政府与社会资本以BOT、TOT等形式展开合作，双方各施其职，各负其责。然而，实践中多数PPP项目由于投资金额规模大，投资期限长，需要创新投融资模式，拓宽PPP项目融资渠道。

以轨道交通行业为例。以北京地铁4号线为代表的PPP模式业内提供了一个新型融资业务样本。

北京地铁4号线是我国城市轨道交通领域的首个PPP项目，2006年4月，北京京港地铁有限公司（以下简称“京港地铁公司”）与北京市人民政府签订了《北京地铁4号线项目特许协议》。北京市基础设施投资有限公司（以下简称“京投公司”）根据地铁4号线的初步设计，按照投资建设责任主体，将项目的建设内容划分为A、B两部分，总投资预算为153亿元人民币。A部分主要为土建工程即洞体、车站结构等的投资和建设，投资预算为107亿元，约合总投资的70%。该部分的投资和建设由政府出资的京投公司来负责实施。B部分主要为设备和信号系统及车辆、信号、自动售检票机等采购和施工，投资额约合 46 亿元，占总投资的 30%。该部分的投资和建设由京港地铁公司来负责实施。

北京地铁 4 号线项目参与各方主要为：京港地铁公司注册资本 13.8 亿元人民币，由京投公司出资 2%，北京首都创业集团有限公司和香港铁路有限公司各出资 49% 组建而成。

根据所签署的特许协议，京港地铁公司的特许经营期限为 30 年。在 4 号线项目竣工验收完毕后的特许经营期内，政府将 A 部分的使用权租给京港地铁公司使用。京港地铁公司将具体负责 4 号线的运营管理、全部设施的维护和除去洞体外的资产的更新及站内的商业经营。其间，政府负责制定票价，并行使监督权力。

地铁 4 号线特许经营项目作为北京市基础设施投融资领域改革的重大举措，其成功实施加快了北京市轨道交通的建设步伐，具有多方面的优点：

第一，降低北京市政府在建设运营期的财力投入。特许公司分担了项目建设期 46 亿元的建设投资。同时在特许经营方式下政府将不对 4 号线运营进行补贴，估算在运营期内将减少政府补贴 10.6 亿元。此外，政府在运营期内将增加所得税收入约 9.1 亿元。

第二，降低了社会资本的投资压力。通过政府入股、租赁等方式，大大降低了社会资本的投资。

第三，先进的合作模式实现了多方共赢。项目采取的合作模式有利于引进国际先进的地铁建设与运营管理理念，提高北京地铁建设效率和运营服务水平。政府和社会资本合作提供公共服务，既保证了项目的公益性，也照顾了社会资本的利润。

第四，商业银行在这例 PPP 项目中发挥了重要作用。PPP 模式方兴未艾，未来几年将释放数万亿元的资金需求。由此，PPP 项目将成为继地方融资平台之后商业银行的又一大贷款投向。在北京地铁 4 号线案例中，银行在 SPV 组建过程中提供贷款，期限长，利率低。由于整个项目有良好的人流量保证，利润稳定，银行贷款的安全性也比较高。

据了解，北京地铁 4 号线成功运作后，北京地铁 16 号线开始探索股权融资新模式。

资料显示，北京地铁 16 号线，计划总投资约 500 亿元，由京投公司承担项目规划和建设。

京投公司将 16 号线的总投资按一定的原则和比例，分为投资建设（A 部分）和运营管理（B 部分）。A 部分拟引入中再资产管理股份有限公司（以下简称“中再资产”），投资金额约 120 亿元股权投资，B 部分有望再次引入北京京港地铁有限公司（以下简称“京港地铁”）作为特许经营权的合作方，计划引入初始投资 150 亿元。

中再资产采取“10 年 +10 年”的投资模式，分为两期，分别投资为 70 亿元、50 亿元，占 16 号线项目公司近 80% 的股权，由中再资产向社会募资资金。

从股权结构看，中再资产是 16 号线项目公司的一大股东，但实质上仅为财务投资人，该项投资预计年化收益率约 7%。双方承诺，前十年只付息，不偿还本金。

16 号线的融资模式是一次全新的尝试，引入保险公司股权资金和特许经营投资后，京投公司有望仅使用 32 亿元资本金，就撬动了各类社会资本 270 亿元，债务融资约 200 亿元。

混合所有制改革的核心模式

从 20 世纪 90 年代开始，我国允许国内民间资本和外资参与国有企业的改组改革。

党的十八届三中全会通过的《中共中央关于全面深化改革若干重大问题的决定》强调，混合所有制经济是基本经济制度的重要实现形式。企业是经济的微观基础，是资本的载体，基本经济制度落实到企业，要促进不同所有制企业优势互补、协调融合、共同发展，积极发展混合所有制企业。经济改革的实践证明，混合所有制能够有效促进生产力发展。

当下，我国正在进行的混合所有制，强调的是在现代国家治理法治化背景下，使任何一个市场主体内部，产权可以按照股份制框架下的混合所有制来处理，实现最大包容性和共赢、多赢。

PPP 在全国范围的推广正在如火如荼地进行，特别是在国有企业混合所有制改革背景下，PPP 与混合所有制的关系受到各方关注。

尤为重要的是，PPP 模式背后蕴含的理念与混合所有制改革的内涵高度契合，这种公私股权合作模式很可能成为混合所有制和新一轮国企改革的主要工具之一。

在国家大力进行混合所有制改革的大背景下，PPP 模式将起到怎样的作用?

PPP 模式通常被称为“公共私营合作制”，是指政府与私人组织之间合作建设城市基础设施项目。PPP 模式的核心就是以特许经营权的形式，让非公经济参与提供公共产品和服务，在实现部分政府公共部门职能的同时，为非公经济带来相应收益。通过合作，在一定程度上满足非公经济的投资回报的同时为社会更有效地提供公共产品和服务。

中国财政学会 PPP 专委会会长贾康认为，PPP 的创新成为中国走向现代化的全面改革过程中，发展混合所有制以解放生产力的战略性选择。PPP 模式中民间资本的加入不但可以缓解政府资金困难的问题，而且可以帮助提升管理绩效水平，是从融资上升到管理模式创新的一种“升级”。

PPP 模式打通了法制化下进一步发展混合所有制的重要渠道。PPP 模式一旦被广泛推行，势必打破政府干预、企业垄断以及准入限制的坚冰，加快“混合所有制经济”的改革进度。更有专家断言“PPP 是天然的混合所有制”。PPP 模式是政府和社会资本合作的机制，避免了之前一股独大的弊端。这是对有效投资的倒逼，也使有效投资得到了明显的提高。

事实上，国有企业“混合所有制经济”的改革，反过来也会促进 PPP 模式的普及。混合所有制改革，在中央层面上关注纵向产业链混改。PPP 作为一种特殊的混合所有制形式，在能源、通信、电力领域有较大应用空间。

研究显示，此前我国大力推进的 PPP 模式遇到政府热、企业冷的尴尬，PPP 项目落地不快。如前所述，目前全国各地公布的 PPP 项目，大概只有 10%~20% 左右签订了合同。据全国工商联发布的报告显示，2014 年，已通过 PPP 等方式进入公共服务及基础设施建设与运营领域的民营企业 500 强共有 58 家，占比 11.6%，有意向进入的企业有 136 家，占比 27.2%。民营企业对 PPP 兴趣不大，特别是民间资本参与的热情和程度还不太尽如人意。

而现在，随着混合所有制改革的推进，社会资本对 PPP 项目越来越积极。一个重要的原因，即混合所有制改革的推进和混合所有制本身在“解放生产力，发展生产力”方面的作用。

2015 年 9 月，国务院发布《关于国有企业发展混合所有制经济的意见》，鼓励各类资本参与国有企业混合所有制改革，并且提出推广政府和社会资本合作（PPP）模式。分析认为，PPP 模式带来的不只是社会资本，还包括出资方的知识技能、管理经验、创新能力、市场约束等“附加值”。在社会资本的催化之下，PPP 项目往往更具效率。显然，PPP 模式将加快国企混合所有制的改革进程。

据公开信息统计，截至 2016 年 2 月，发改委公布推介的 PPP 项目有 2529 个，总投资额约 4.24 万亿元；财政部总计推出 PPP 示范项目 233 个，总投资额约 8170 亿元。由于“示范”与“推介”项目的重复率极低，仅有十余个项目重复。故而，目前全国范围内的 PPP 示范、推介项目总投资额达 4.95 万亿元。更有观点称，目前推出的示范、推介项目与已签约但未纳入中央项目库的项目之和超过 3100 个，总投资额近 6 万亿元，约为 2014 年基建投资额的 60%。

前瞻产业研究院提供的《中国 PPP 模式运营情况与投资战略规划分析报告》显示，2014 年底已形成的相关公共服务和基础设施资产存量达 85 万亿元，其中社会化的不到 20%，剩下的 80% 仍由政府平台主导，可以转型为 PPP 模式。预计未来数年内大量的混合所有制经济主体有望被催生，PPP 模式和“混合所有制经济改革”的有机结合，既彻底突破了政策限制，使得国有企业可以放手进入 PPP 模式，又可将其他非公有制经济成分如外商投资、民间投资等社会资本引入国家公共服务、基础设施类项目，PPP 模式发展前景美好。

专家认为，混合所有制改革将会结合 PPP 模式创新，通过混合所有制改革中股份制的升级发展，使资本市场更加规范和繁荣，与正在紧锣密鼓进行的多级多元化市场建设互相促进、互相成就，也与简政放权、降低准入、消除过度垄断和 PPP 中连片开发、城市基金、资本证券化以及互联网金融等相互作用，产生更大的乘数效应，从而消解前面若干年股份制发展中的“一股独大”等难题，有力支持中国经济社会发展新时期“解放生产力，发展生产力”的动力转换。

据了解，以 PPP 模式操作的“池州模式”被称为混合所有制改革模式的典范。

安徽省池州市主城区污水处理及市政排水设施 PPP 项目，已于 2014 年 12 月 29 日正式签约，成为全国 30 个示范项目中第一个签约项目。被称为“池州模式”的安徽池州污水处理项目，以混合所有制管理模式，充分发挥了市场竞争的因素，实现社会资本和政府补贴的有效结合。

不同于其他 PPP 项目，池州项目公司中采取中标单位持股 80%，池州自来水公司持股 20% 的形式，组成混合所有制公司，调动了政府的积极性，这是项目的一大特点。

融资租赁开启 PPP 模式的新纪元

在实践中，笔者了解到，目前我国多数 PPP 项目由于投资金额规模大以及投资期限长，通常会借用一些金融工具，以保证项目的顺利实施。例如，银团贷款、资产证券化、基金等进行一系列结构化安排。其中，融资租赁是 PPP 模式创新融资的一种重要模式。

融资租赁又称设备租赁或现代租赁，是指实质上转移与资产所有权有关的全部或绝大部分风险和报酬的租赁。资产的所有权最终可以转移，也可以不转移。作为一种金融工具，融资租赁能够有效解决公共基础设施建设项目一次性投入过大、沉淀成本过高等问题，对盘活存量资产，提高固定资产和财政资金的使用效率，更好地发挥投资对国民经济的拉动作用以及改善公共服务具有重要意义。

近年来，中央政府指示要加快融资租赁和金融租赁行业发展的措施，更好服务实体经济。加快发展融资租赁和金融租赁，是深化金融改革的重要举措，有利于缓解融资难、融资贵的问题，拉动企业设备投资，带动产业升级。

至 2014 年 12 月底，我国融资租赁合同余额约 3.2 万亿元人民币，比 2013 年底的 2.1 万亿元增加约 1.1 万亿元，增长幅度为 52.4%。其中，金融租赁合同余额约 1.3 万亿元，增长 51.2%；内资租赁合同余额约 1 万亿元，增长 44.9%；外商租赁合同余额约 9000 亿元，增长 63.6%。

在地方债务改革、政府和社会资本紧密合作的大背景下，通过融资租赁，将开启 PPP 模式的新纪元。

据了解，传统的融资租赁进入基础设施的方式仅限于融资环节，即租赁公司购买设备，然后租给政府，租期满后，政府再以约定价格购买设备。换句话说，融资租赁公司仅涉及资金的盘活过程，融资租赁公司往往在“融资”环节发挥作用。

然而研究发现，与传统的融资租赁不同，通过与 PPP 模式的结合，借助 PPP 模式，租赁公司可以参与到更多环节中，具体来说，可以从融资环节延伸到建造、运营、维护等多个环节，从而参与到 PPP 模式的整个链条中，这无疑为融资租赁公司进行基础设施租赁业务提供了一条新思路。而反过来，对急需资金支持的社会资本而言，融资租赁的成功介入，将大大缓解社会资本的资金压力和投资风险，将极大地激发社会资本投资 PPP 项目的积极性。

进一步来说，目前在 PPP 模式推广中存在银行有心放贷、社会资本不愿负债、设备厂家无力投放的窘况，投资难成为 PPP 项目落地的瓶颈。而通过融资租赁公司的介入，则可以解开上述多方问题的症结，充分调动社会资本、生产厂家等各方面的积极性，促进 PPP 项目的快速落地。

对于租赁公司而言，基础设施融资租赁是租赁公司的重要业务之一。基础设施融资租赁即指以基础设施项目建设中的设备或项目本身为对象的融资租赁形式，主要涉及的设备有供水供电设备、轨道交通、燃气、热力设备、城市照明设备等。通过详细分析，融资租赁公司可以通过以下三种方式参与 PPP 模式重点领域的基础设施建设。

第一，直接融资租赁方式，可以大幅度缓解社会资本进行基础建设的资金压力。

第二，设备融资租赁，可以解决购置成本较高的大型设备的融资难题。比如工业发达国家节能设备 80% 以上采取融资租赁，通过项目产生的效益返还租金。

第三，售后回租方式，即购买“有可预见的稳定收益的基础设施资产”并回租，这样可以盘活存量资产，改善相关企业的财务状况。

通常情况下，融资租赁参与到 PPP 项目中的主要操作流程为：

第一，政府平台机构与社会资本签署合作协议，共同设立 SPV（指政府与私人部门组成的特殊目的机构），政府平台机构可以资产方式出资，社会资本可以现金形式出资。另一种方式为社会资本以现金形式出资，单独成立项目公司。

笔者研究发现，目前 PPP 项目公司，尤其是对几亿元或十亿元计的投资专门成立的 PPP 项目公司，多是社会资本单独以现金形式出资。

第二,融资租赁公司与SPV公司或社会资本项目公司签订设备买卖合同、融资租赁合同。

第三，融资租赁公司向银行申请保理贷款。

第四，银行向融资租赁公司发放贷款。

第五，融资租赁公司向 SPV 公司或社会资本项目公司支付设备购买价款。

第六，SPV 公司或项目公司到期归还租赁公司本金以及利息。

第七，融资租赁公司到期归还银行本金以及利息。

近年来，我国政府积极鼓励开展基础设施领域的市场化 PPP 融资。业内人士称,在政府采购服务的现金稳定流入和项目公司的持续运营的前提下，融资租赁企业将有新的市场机会。以上海为例，根据《2014 年上海市租赁行业年度报告》的统计，截至 2014 年 8 月，基础设施融资租赁的资产规模在上海市租赁市场中占比 25.65%，在各个领域中位居榜首，是融资租赁市场的重要组成部分。

目前，融资租赁行业在开拓 PPP 领域作了一些有益尝试。据了解，在目前我国大力推广的 PPP 项目中，环保类 PPP 项目的数量最多，且投资规模较大。部分地方政府由于财力紧张，明确指出要通过融资租赁售后回租的方式，融资所得用于新建管网建设。

媒体报道称，2014 年 7 月，成都金控融资租赁有限公司为新津有轨电车示范线项目轨道及设备引入省外金融机构融资 2.8 亿元；同年 11 月，皖江金融租赁有限公司开展了 2.5 亿元道路管网融资租赁业务。

2015 年 7 月，工银租赁与南通市经济技术开发区管委会合作，以融资租赁的方式成功为南通能达水务有限公司提供 6 亿元融资。这一项目采用资产整体出租的方式，开创了租赁行业 PPP 融资的先河。

能达水务是南通市经济技术开发区为污水治理、中水回收利用设立的项目公司,是当地开展环境治理的重要载体。能达水务采用 PPP 建设融资方式。工银租赁综合考量基础设施、资产种类，灵活构建商业模式，开创了项目资产整体出租的投资方式。

水污染防治领域 PPP 项目生命周期长，涉及污水处理标准、环境质量标准升级等的风险因素较多。通过创新融资模式，完善融资机制，鼓励商业银行、投资银行、租赁公司、保险公司等社会投资机构为水污染防治领域 PPP 项目提供融资租赁服务，是水污染防治领域 PPP 项目顺利实施的重要保障。

分析认为，工银租赁此次成功投放行业内第一笔 PPP 租赁融资项目，对租赁行业而言具有较强的借鉴意义，进一步提升了工银租赁在基础设施投融资领域的品牌知名度，是工银租赁积极拓展 PPP 项目融资租赁的一个良好开端。

能达水务项目的实施是工银租赁响应国家城镇化建设和节能减排的号召，配合政府提升公共服务水平的典范案例。

总之，融资租赁是银行信贷和证券融资的一个重要补充，是社会资金供应的三个主渠道之一。预计“十三五”期间，我国将有望构筑和形成一个包括银行信贷、融资租赁和证券融资有机衔接、科学稳定的资金供给体系。

社会资本如何面对“劣币驱逐良币”

社会资本在积极介入 PPP 项目的过程中，不仅要面对项目自身收益的问题，而且还要面对竞争者的有力挑战。

笔者在各地操作 PPP 项目的过程中，几乎每个项目都面临几家甚至十几家同行业的竞争，这一点尤其在水处理行业表现得非常明显。一个重要的原因，是在 PPP 模式的各类项目中，水处理行业具有现金流稳定的特点，因此，深受社会资本的青睐。

目前在环境保护第三方治理市场，以 PPP 模式参与的竞争十分激烈，笔者所在公司几乎在每个市场都面临大型环保公司和上市公司的竞争。

以笔者在 C 市操作的水处理项目为例。作为公司的重点市场、主阵地和根据地，2015 年 9 月，C 市政府出台了一批既有一定公益性，又有一定效益的 PPP 项目，总投资高达 6000 亿元。仅水利工程就达 100 项，总投资 700 亿元。水利工程实施时间为 2015 年~2017 年，主要包括重大水利工程项目、城镇供排水等基础设施项目、城镇污水处理及污水管网项目、流域污染防治项目等，这些均是笔者所在公司目前重点开拓的项目。

面对 C 市广阔的市场，为了抓住有利机遇，笔者所在公司详细研究 C 市的 PPP 项目，以便有重点、有目标、有层次地稳步开拓。然而，仅在 C 市场就有十多家行业大型企业和上市公司介入。以 C 市一个 2.5 万吨 / 日的污水扩建项目为例，此项目就有五六家大公司的竞争。

面对越来越多的竞争对手，以及大力拓展市场做大做强企业的现实需求，各家环保公司面临着方方面面的挑战。其中，一个重要的挑战便是“低价竞争”、“劣币驱逐良币”。众所周知，公开、透明一直是 PPP 实施领域中非常重要的原则。“低价竞争”、“劣币驱逐良币”却一直是社会资本介入 PPP 项目绕不开的难题。

更有环保企业人士称，在过去十多年，大家在水务领域打得头破血流，从近期的一些项目报价来看，我已经看不清他们是怎么挣钱了。还有垃圾焚烧行业，相关项目报价经历多次“跳水”，行业已快速进入低价竞争时代。

有报道称，某市的污水处理 PPP 项目最后中标方的报价分别为另外两家报价的四分之一和六分之一。

2016 年 2 月，媒体报道称，吸引了北控、碧水源等 11 家水务名企参与竞标的“亚洲最大地埋式污水处理厂”项目，最终以花落环保产业的“门外汉”——杭州钢铁集团公司告终。

2015 年 12 月 9 日，温州中心片污水处理厂迁建工程 BOT 项目正式签约，由杭钢牵头组成的联合体将负责融资、设计、建设和管理运营，特许经营期限共计 30 年（含建设期）。杭钢中标，重要原因之一就是报价低。其 0.727 元 / 立方米的单价报价比最高报价 1.660 元 / 立方米的一半还要少，而其 6.80 亿元的总投资报价也比最高者 11.73 亿元少了 4.93 亿元。一位参与竞标的人士称，0.727 元 / 立方米的报价已经低于成本价。

温州中心片污水处理厂迁建工程 BOT 项目，设计总规模为 40 万吨 / 日。 由于该项目规模大、示范效应强、投标门槛高，所以，吸引了北控、碧水源、光大水务、天津创业、成都兴蓉、鹏鹞环保、重庆康达等众多国内水务行业的知名企业，总计有 11 家参与竞标。

2015 年 8 月 7 日，项目第二次开标，11 家企业的报价相差巨大。污水处理基本单价方面，杭钢联合体报价最低，为 0.727 元 / 立方米，山东水务发展公司联合体报价最高，为 1.660 元 / 立方米，二者相差 0.933 元 / 立方米；在项目总投资方面，杭钢联合体报价也是最低，约为 6.80 亿元，中国核工业建设集团联合体报价最高，约为 11.73 亿元，二者相差近 5 亿元。

专业人士认为，低价中标给项目后期调价留下了“想象空间”，而环保产业愈演愈烈的低价竞标之风则推高了项目烂尾的风险，形成恶性循环。最终受伤害的还将是环保产业。

事实上，笔者在操作一起 PPP 项目的过程中，也遇到过类似的问题。

2015 年 5 月，国内某环保公司与某县达成初步合作意向，就某县污水处理项目出具水价方案：

一、投资额：按设计工程量、审计结果确定的合规投资额计算水价。

二、保底水量 4 万吨 / 天。超过 4 万吨另付水价，以实际进水量为准。

三、按约 1.4 亿元固定投资额计算：

1. 投资回报，包括建设期在内不低于 9 年（不含融资费用）。

2. 按一级 A 排放标准，运营成本每吨不低于 0.9 元。

3. 成本单价 1.96 元 / 吨。

四、水价构成：

1. 总投资额约 1.4 亿元。

2. 按 9 年期回报（含建设期），需每年回收约 1550 万元。

3. 运营成本：运营成本每日水量为 4 万吨，每吨水运营成本为 0.9 元（按国家一级 A 排放标准），40000 吨 ×0.9 元等于 36000 元 / 天，乘以 365 天，一年运营成本共 1300 万元。

4. 运营成本加投资成本：1550 万元 +1300 万元 =2850 万元。

5. 水价：以上运营成本加投资成本 2850 万元，除以 4 万吨水量，每吨水价合 1.96 元。

然而，在竞争中有同行业报出了每吨水价 1.25 元的超低价。经分析测算，每吨 1.25 元的超低水价，在 10 年之内无法收回投资，也无法保证后期的正常运营。

对于 PPP 项目“低价竞争”的问题，四川大学商学院教授、世界银行 PPP 项目顾问陈传表示，英国国际发展部（DFID）对物有所值所秉持的一个基本观点是物有所值并不意味着只做最便宜的事情，而是需要更好地理解驱动成本的因素，以确保在最低成本之下得到期待的质量。“以牺牲质量为代价的低成本并不能带来物有所值。”

对此，有专业人士认为，在通常最低价中标的竞争中，带来了良者退出和劣者胡来的困局。如果仅考虑价格，而不考虑投标者的信用、有质量保障的商品或服务的合理成本和利润，不考虑后续的履约和售后，那么，最低价中标就足以导致市场秩序的“癌变”。

对于“低价竞争”，E20 研究院执行院长薛涛认为，问题的最终根源在于甲方缺位，政府或其报销制的控制企业在采购中并不为项目的实施效果实际负责，利用招标投标法或者其他制度（即使是综合评估法）最终也会导致各种异化结果。只有项目甲方真正为运营效果负责、获得正常利益时，才能从根本上解决这个问题。

笔者注意到，2015 年 12 月 18 日，国家财政部印发《PPP 物有所值评价指引（试行）》（以下简称《指引》）中，对限制“低价竞争”、“劣币驱逐良币”现象有了约束。

《指引》称，物有所值评价应遵循真实、客观、公开的原则。中华人民共和国境内拟采用 PPP 模式实施的项目，应在项目识别或准备阶段开展物有所值评价。

物有所值评价包括定性评价和定量评价。现阶段以定性评价为主，鼓励开展定量评价。定量评价可作为项目全生命周期内风险分配、成本测算和数据收集的重要手段，以及项目决策和绩效评价的参考依据。

定性评价指标包括全生命周期整合程度、风险识别与分配、绩效导向与鼓励创新、潜在竞争程度、政府机构能力、可融资性等六项基本评价指标。

其中，全生命周期整合程度指标主要考核在项目全生命周期内，项目设计、投融资、建造、运营和维护等环节能否实现长期、充分整合。

而针对定量评价，指引称定量评价是在假定采用 PPP 模式与政府传统投资方式产出绩效相同的前提下，通过对 PPP 项目全生命周期内政府方净成本的现值（PPP 值）与公共部门比较值（PSC 值）进行比较，判断 PPP 模式能否降低项目全生命周期成本。

其中，PSC 值是以下三项成本的全生命周期现值之和:（一）参照项目的建设和运营维护净成本;（二）竞争性中立调整值;（三）项目全部风险成本。

参照项目可根据具体情况确定为:（一）假设政府采用现实可行的、最有效的传统投资方式实施的、与 PPP 项目产出相同的虚拟项目;（二）最近五年内，相同或相似地区采用政府传统投资方式实施的、与 PPP 项目产出相同或非常相似的项目。

建设净成本主要包括参照项目设计、建造、升级、改造、大修等方面投入的现金以及固定资产、土地使用权等实物和无形资产的价值，并扣除参照项目全生命周期内产生的转让、租赁或处置资产所获的收益。

运营维护净成本主要包括参照项目全生命周期内运营维护所需的原材料、设备、人工等成本，以及管理费用、销售费用和运营期财务费用等，并扣除假设参照项目与 PPP 项目付费机制相同情况下能够获得的使用者付费收入等。

笔者认为，指引通过"定性评价"和"定量评价"，对绩效导向与鼓励创新、最近五年内相同或相似地区采用政府传统投资方式实施的、与 PPP 项目产出相同或相似的项目进行了规定，同时对建设净成本、运营成本进行了规定，通过实践将对"低价竞争"、"劣币驱逐良币"现象进行限制。

附件一：PPP 模式创新之政府补贴

PPP 模式不确定性高、存在一定的风险成为影响社会资本积极介入 PPP 项目的主要因素。

根据财政部下发的《关于推广运用政府和社会资本合作模式有关问题的通知》（以下简称《通知》），我国要尽快形成有利于促进 PPP 模式发展的制度体系，促进政府职能加快转变，完善财政投入及管理方式。

第一，给予社会资本运营补贴。实践中，众多 PPP 项目本身所产生的现金流往往不能覆盖项目的全部成本，必须通过政府补贴的方式才能保证 PPP 项目的持续运营，才能满足投资者对项目投资回报的要求。

财政部颁布的《政府和社会资本合作模式操作指南》也明确提出，当使用者付费不足以满足社会资本或项目公司成本回收和合理回报，政府可以财政补贴等方式给予社会资本或项目公司的经济补助。

如浙江省为进一步推广运用 PPP 模式，建立动态补贴机制，用以应对社会资本对 PPP 项目收益受损的担忧。浙江省政府专门下发《关于推广运用政府和社会资本合作模式的指导意见》，对广受公众关注的 PPP 项目回报问题进行了明确规定，《指导意见》指出，对项目收入不能覆盖成本和合理收益的，可通过政府付费等方式给予适当补贴。政府应以项目运营绩效评价结果为依据，综合考虑产品或服务价格、实际收益率、财政中长期承受能力等因素，建立动态补贴机制。

通过政府补贴为 PPP 项目加油，力求实现 PPP 项目社会效益最大化，为社会提供尽可能优质、充足的产品或服务。

政府补贴一方面降低了社会资本所承担的风险，另一方面解决了项目中可能存在的收益不足问题，对于以逐利为目标的社会资本而言，通过政府补贴这种“加油”方式将对其产生极大的激励作用，从而促进 PPP 项目效率的提高。

第二，给予地方政府存量项目补贴。为了更快推进 PPP 模式，财政部还给予地方政府以补贴。

2015 年 7 月，媒体报道称，财政部对于 PPP 示范项目中属于存量项目的，将给予项目资金额度 5% 的补贴，补贴是提供给地方政府的。而对于示范项目中的新增项目，则用 PPP 基金提供融资支持。目前财政部的 PPP 基金或将做成投资公司形式，由各家金融机构买份额，财政部也会使用一部分财政资金入股。

2015 年 6 月财政部《关于进一步做好政府和社会资本合作项目示范工作的通知》（财金 [2015]57 号）指出，优先支持融资平台公司存量项目转型为 PPP 项目。重点推进符合条件的融资平台公司存量项目，通过转让—运营—移交（TOT）、改建—运营—移交（ROT）等方式转型为 PPP 项目。

业内专家认为，地方债务的存量项目转为 PPP 项目，并由财政提供资金补贴，有助于引导地方政府盘活存量资产、化解债务和稳增长；另外，引导新的资金投入 PPP 新增项目，也为社会资本提供了投资的机会。

据悉，财政部正在研究出台“以奖代补”措施，引导和鼓励地方融资平台存量项目转型为 PPP 项目，对符合条件的项目按照化债规模的一定比例给予奖励，同时还会进一步完善专项转移支付资金管理办法、税收优惠政策，加大对 PPP 项目的政策支持力度。

在地方政府层面，各地也是积极行动。如福建省对示范项目给予前期费用奖补。2015 年 ~2017 年列入省级 PPP 示范项目的，将按项目新引入的社会资本金额，给予实施地政府一次性财政奖励，奖励标准是：5000 万元以上、1 亿元以下的奖励 50 万元；1 亿元以上每增加 1 亿元再奖励 30 万元；单个项目奖励额不超过 500 万元。列入财政部 PPP 示范项目的，奖励金额按上述标准增加 20%。奖励资金主要用于补助 PPP 项目前期费用及其他相关费用支出。

第三，给予地方政府前期费用补贴。另据了解，PPP 项目一大特点就是资金投入大。一些城市轨道交通、公路、铁路 PPP 项目总投资额多在百亿级规模，因此，前期费用也是政府和社会资本方一笔较大的负担。

有媒体报道称，财政部 PPP 中心获得的世行两亿美元低息贷款，将主要用于 PPP 项目的前期费用。

2015 年 9 月 28 日，国家发改委发文，就《政府和社会资本合作项目前期工作专项补助资金管理暂行办法》（下称《办法》）向社会公开征求意见，未来合规的 PPP 项目的前期工作费用将获得国家预算内专项资金支持。根据《办法》，PPP 前期工作专项补助资金的推出是为了积极推广 PPP 模式，进一步鼓励和吸引社会投资，充分发挥投资在稳增长中的关键作用。

这笔专项资金补助对象是针对 PPP 项目的前期工作费用，PPP 前期工作包括重点领域的 PPP 项目规划编制，以及重点 PPP 项目的前期决策咨询、实施方案编制、招标文件确定、合同文本拟定、法律财务顾问和资产效益评估等。PPP 项目的建设运营环节并不在此轮专项资金补助范围内。

根据《办法》，PPP 前期工作专项补助资金为一次性补助资金，采用财政专户管理，专款专用。对不按规定使用前期工作专项补助资金的，经核实后，停止拨付尚未拨付的前期工作专项补助资金，并在下一年度减少或不予安排该地区前期工作专项补助资金。

总之，政府补贴是为了实现社会效益和社会资本合理利益的平衡，根据不同 PPP 项目的特点，设置合理、灵活的政府补贴机制，将会尽可能实现政府和社会资本的共赢，实现 PPP 项目的真正落地。

第四，"财政 + 金融"模式。除了设立支持基金外，河北省还在奖补资金支持等方面，采取"财政 + 金融"的模式，加快推进全省 PPP 项目落地。

在奖补资金支持方面，河北省财政厅出台了《河北省省级政府和社会资本合作（PPP）项目奖补资金管理办法（试行）》，资金统筹用于 PPP 项目前期工作和项目资本注入。凡是列入财政部 PPP 示范项目、省 PPP 试点的项目、通过 PPP 模式成功化解存量债务的项目、通过物有所值评价和财政承受能力论证的项目，2015 年度省财政分别奖励每个项目所在市或县 400 万元、300 万元、200 万元、100 万元，奖补资金总额达 3 亿元。

附件二：PPP 项目经营期内的税务处理

税收政策是 PPP 项目公司重点考虑的问题之一，涉及到 PPP 项目公司的投资回报，以及未来几十年的运营，关于 PPP 项目经营期内的主要优惠政策有：

第一，企业所得税优惠政策。

1. 减免企业所得税政策：享受三免三减半的企业所得税政策。

根据《中华人民共和国企业所得税法》（中华人民共和国主席令第 63 号）

第二十七条第二款、第三款、《中华人民共和国企业所得税法实施条例》(中华人民共和国国务院令第 512 号)第八十七条、《财政部国家税务总局关于执行公共基础设施项目企业所得税优惠目录有关问题的通知》(财税 [2008]46 号)和《国家税务总局关于实施国家重点扶持的公共基础设施项目企业所得税优惠问题的通知》(国税发 [2009]80 号)的规定,投资企业从事《公共基础设施项目企业所得税优惠目录》规定的港口码头、机场、铁路、公路、城市公共交通、电力、水利等项目。从事公共污水处理、公共垃圾处理、沼气综合开发利用、节能减排技术改造、海水淡化等符合条件的环境保护、节能节水项目的所得,自项目取得第一笔生产经营收入所属纳税年度起,第一年至第三年免征企业所得税,第四年至第六年减半征收企业所得税。

另外,《财政部国家税务总局关于公共基础设施项目享受企业所得税优惠政策问题的补充通知》(财税 [2014]55 号)第一条还规定:企业投资经营符合《公共基础设施项目企业所得税优惠目录》规定条件和标准的公共基础设施项目,采用一次核准、分批次(如码头、泊位、航站楼、跑道、路段、发电机组等)建设的,凡同时符合以下条件的,可按每一批次为单位计算所得,并享受企业所得税“三免三减半”优惠:(1)不同批次在空间上相互独立;(2)每一批次自身具备取得收入的功能;(3)以每一批次为单位进行会计核算,单独计算所得,并合理分摊期间费用。

2. 投资抵免企业所得税:专用设备投资额的 10% 抵免当年企业所得税应纳税额。

根据《中华人民共和国企业所得税法》(中华人民共和国主席令第 63 号)第三十四条规定:企业购置用于环境保护、节能节水、安全生产等专用设备的投资额,可以按一定比例实行税额抵免。所谓的税额抵免,是指企业购置并实际使用《环境保护专用设备企业所得税优惠目录》、《节能节水专用设备企业所得税优惠目录》和《安全生产专用设备企业所得税优惠目录》规定的环境保护、节能节水、安全生产等专用设备的,该专用设备的投资额的 10% 可以从企业当年的应纳税额中抵免;当年不足抵免的,可以在以后 5 个纳税年度结转抵免。其中专用设备投资额,根据财税([2008]48 号)第二条的规定,是指购买专用设备发票价税合计价格,但不包括按有关规定退还的增值税税款以及设备运输、安装和调试等费用。

当年应纳税额，根据财税（[2008]48 号）第三条的规定，是指企业当年的应纳税所得额乘以适用税率，扣除依照企业所得税法和国务院有关税收优惠规定以及税收过渡优惠规定减征、免征税额后的余额。享受投资抵免企业所得税优惠的企业，应当实际购置并自身实际投入使用的环境保护、节能节水、安全生产等专用设备；企业购置上述专用设备在 5 年内转让、出租的，应当停止享受企业所得税优惠，并补缴已经抵免的企业所得税税款。

根据财税 [2008]48 号的相关规定，企业利用自筹资金和银行贷款购置专用设备的投资额，可以按企业所得税法的规定抵免企业应纳所得税额；企业利用财政拨款购置专用设备的投资额，不得抵免企业应纳所得税额。企业购置并实际投入适用、已开始享受税收优惠的专用设备，如从购置之日起 5 个纳税年度内转让、出租的，应在该专用设备停止使用当月停止享受企业所得税优惠，并补缴已经抵免的企业所得税税款。转让的受让方可以按照该专用设备投资额的 10% 抵免当年企业所得税应纳税额；当年应纳税额不足抵免的，可以在以后 5 个纳税年度结转抵免。

根据《国家税务总局关于环境保护节能节水安全生产等专用设备投资抵免企业所得税有关问题的通知》（国税函 [2010]256 号）的规定，纳税人购进并实际使用规定目录范围内的专用设备并取得增值税专用发票的，如增值税进项税额允许抵扣，其专用设备投资额不再包括增值税进项税额；如增值税进项税额不允许抵扣，其专用设备投资额应为增值税专用发票上注明的价税合计金额。企业购买专用设备取得普通发票的，其专用设备投资额为普通发票上注明的金额。

第二，增值税优惠政策。从事 PPP 项目中的污水处理、垃圾处理和风力等涉及到资源综合利用和环境保护的项目，可以享受以下增值税优惠政策。

1. 销售自产的再生水免增值税。

《财政部国家税务总局关于资源综合利用及其他产品增值税政策的通知》（财税 [2008]156 号）第一条第（一）项规定：销售自产的再生水免增值税。其中所谓的再生水是指对污水处理厂出水、工业排水（矿井水）、生活污水、垃圾处理厂渗透（滤）液等水源进行回收，经适当处理后达到一定水质标准，并在一定范围内重复利用的水资源。再生水应当符合水利部《再生水水质标准》（SL368—2006）的有关规定。

2. 污水处理劳务免征增值税。

根据《财政部国家税务总局关于资源综合利用及其他产品增值税政策的通知》（财税 [2008]156 号）第二条规定，对污水处理劳务免征增值税。污水处理是指将污水加工处理后符合 GB18918—2002 有关规定的水质标准的业务。

3. 垃圾处理、污泥处理处置劳务免征增值税。

《财政部、国家税务总局关于调整完善资源综合利用产品及劳务增值税政策的通知》（财税 [2011]115 号），对农林剩余物资源综合利用产品增值税政策进行调整完善，并增加部分资源综合利用产品及劳务适用增值税优惠政策。其中，与垃圾处理有关的 PPP 项目运营有关的税收优惠是：对垃圾处理、污泥处理处置劳务免征增值税。

第三，项目期满移交阶段的税务处理。由于 PPP 项目中的项目公司获得的是一定期限的政府特许权许可，在特许权期限到后，运营期满，全部资产无偿移交政府，实质上不拥有设施的所有权，由于其无形资产的计税基础已在特许经营期限内摊销完毕，也不作税收处理。

第九章

中国将成全球最大的 PPP 市场

2015 年是中国的“PPP 元年”，2016 年中国将迎来 PPP 项目集中签约的一年，中国的 PPP 市场已经进入了一个大规模实施的阶段。

PPP 最终的目标是建立全国统一规范、透明、公开的 PPP 大市场，中国在三年内将成为全球最大的 PPP 市场。

本章导读

PPP 模式伴随“一带一路”的战略将大有作为

金融加码支持“一带一路”

用 PPP 模式破解智慧城市建设的资金之困

PPP 融资模式支持海绵城市建设

PPP 模式：供给侧改革的重要内容

PPP 模式伴随“一带一路”的战略将大有作为

近几年来，中国企业不断进行对外投资，寻找投资新机遇。

2014 年，中国企业参与的并购交易金额创下最高纪录达到 3962 亿美元，较 2013 年增长 44.0%。这是自 1982 年以来中国企业参与的年度并购金额最高的一次。

比如欧洲，作为中国第一大贸易伙伴、第一大技术供应方和第四大投资来源地，欧洲是中国企业的重要海外目标市场之一。近年来，中欧全面战略伙伴关系建设不断加快。

数据显示，2012 年中国企业在欧洲的并购交易额增长 21%，达 126 亿美元。欧洲连续两年成中国最大海外并购地，占比达 33%。一方面，在开放市场后，越来越多的中国企业在深入企业国际化的发展阶段，他们需要获得更多的国际经验，以便在国内市场保持竞争力。另一方面，欧洲拥有雄厚的经济基础，生产力先进，市场容量较大，加强与其的经济合作，有利于我国引进领先技术及产品的出口。同时，中欧双方需要合作共赢，加强各方面的交流。此外，当前欧洲受债务危机和经济疲软拖累，资产价格变得更为低廉。中国企业在投资中将获取更明显的效益。

一连串中国企业远赴欧洲投资并购的消息频频传来，让人们感受到中国企业与欧洲市场紧密相连的脉搏在强劲地跳动。

以基建为例，我国企业不断增加国际基建的投资。近几年，关于中国柳工、徐工、三一重工企业牵头参与国外基建的消息不断传来。2013 年 4 月，当时的中国南车土耳其公司奠基，标志着中国高端城轨技术落地欧洲。在轨道交通领域，中国实现由向欧洲输出产品到输出技术的升级。

英国是欧盟的重要成员国，中英双方紧密合作对中欧经贸合作有着重要的意义，包括基建方面的合作。此外，国家还力推中英金融合作。从全球范围来看，伦敦的金融中心地位显著高于新加坡和香港，加之欧盟已成为中国最大贸易伙伴，此举将提升双方金融合作水平，对于中国和欧洲的益处都很多。

据了解，2004 年中国和东盟双边贸易额突破 1000 亿美元，2013 年超过 4436 亿美元。东盟已连续 3 年成为中国第三大贸易伙伴、第四大出口市场和第二大进口来源地，而中国也已连续四年成为东盟第一大贸易伙伴。中国和东盟确定 2020 年要达到 1 万亿美元的贸易目标。

2000 年以来，非洲经济年均增长超过 5%，是全球经济增长最快的地区之一，拥有 10 亿人口的非洲正迸发出巨大的经济能量。非洲经济总量已达两万亿美元，被公认为是全球重要的新兴市场。

数据显示，2013 年，中非贸易额达到 2102 亿美元，是 1960 年的两千多倍。中国已连续 5 年成为非洲第一大贸易伙伴国。中非经贸合作已经初步形成多层次、宽领域、全覆盖的格局，成为双方实现自身经济发展不可或缺的组成部分。

非洲是中国第四大投资目的地。中国对非投资存量从 20 世纪五六十年代的零增长到 2013 年的两百五十多亿美元，目前在非投资的中国企业逾 2500 家，涉及农业、基础设施、加工制造、资源开发、金融、商贸物流等多个领域。

以上是中国在欧洲、东盟、非洲等地投资的重要表现。不仅如此，中国在大洋彼岸的美洲也表现出强劲的投资势头。

中国在 2014 年成为资本净流出国。未来中国对外投资成新常态。在这种新常态下，中国对外直接投资将继续在目前的高水平上保持平稳增长，而且会有更多的企业对更多行业及国家进行投资。

根据历史上发达国家的实践经验来看，当一国人均收入达到 3000~5000 美元时，该国将会逐渐转为资本净输出国。

目前，我国正大力实施的“一带一路”战略将促使企业加快“出海”的脚步。“一带一路”作为国家重大战略，涉及沿线六十多个国家、四十多亿人口、经济总量超过 20 万亿美元。“一带一路”的战略不仅释放着诱人商机，更为中国企业加快“走出去”提供了千载难逢的机会。

随着“一带一路”的建设，中国开始加大对“一带一路”沿线国家的投资，越来越多的民间资本对此表现出了浓厚的兴趣。而通过“一带一路”的建设和政策衔接，可以把资源、资金和中国企业的优势有效结合起来，使项目迅速落地。

“一带一路”的战略将让中国在国际基建市场的作用更加不容忽视，中国企业更加踊跃地参与到国际基建市场中去。

在对外承包工程方面，2015 年 1~4 月，中国企业在“一带一路”沿线国家承包工程业务完成营业额 185.7 亿美元，同比增长 10.9%。

从国内产业发展看，“一带一路”战略将为高铁、核电等重大装备“走出去”提供广阔的市场空间。在“一带一路”沿线国家中，目前拟建或在建的高铁项目达 9 个，跨境铁路、普通铁路和地铁项目有 22 个。

随着“一带一路”国家战略正在逐步落地，而对“一带一路”建设来说，最先要做的就是基建投资。

分析认为，“一带一路”未来将走过 65 个国家和地区，93 个港口和城市，重点项目会达到几千个，其中基础设施项目至少有三四百个。投资规模将达到惊人的 60 万亿美元。然而，“一带一路”战略覆盖区域广大，涉及跨境投资领域多元，项目结构复杂，参与主体繁多，各国基础设施建设不平衡，中低收入国家的基础设施严重滞后，各国在基础设施建设过程中会面临巨大的资金缺口问题。因此，急需引入大量社会资本。

根据亚洲开发银行公布的数据，2020 年前，亚太地区基础设施建设投资需要 8 万亿美元，而目前亚洲开发银行和世界银行每年能提供给亚洲国家用于基础设施的资金只有不到 100 亿美元。面对如此巨大的投资缺口，应该鼓励民间社会资本参与到“一带一路”的建设中来，方式可以采用 PPP 模式。从全球经验看，PPP 是一种较佳的项目安排形式，PPP 模式伴随“一带一路”战略落地或将大有可为。

权威观点认为，中国在“走出去”方面正在建设亚投行、丝路基金、金砖银行，光靠银行贷款不可持续，重要的是找到财政可持续的替代方案，因此，推动公私合营模式就势在必行。未来解决“一带一路”部分区域基础设施建设投资资金不足的问题，不仅要靠公共资本的先导作用，也要充分调动社会资本的积极性。PPP 模式不仅可以发挥更大的弥补融资缺口的作用，更在于提升公共产品管理的效率和资本配置的效率，特别是在基础建设领域投资，有助于提升公共产品管理和资本配置效率。

在具体的操作方式上，中国财政学会副会长贾康表示，在“一带一路”建设的一些重要节点上，政府应有意识地做出几个主要类型（如项目的、园区的、服务打包的）PPP 创新方案，然后尽快实施。

事实上，“一带一路”上已经出现了类似的多边 PPP 合作。

丝路基金（以下将对“丝路基金”进行详述）的第一个项目是中国三峡集团和世界银行集团成员国际金融公司（IFC）组成的对等股权合资企业，建造装机容量 720 兆瓦的水电站。国际金融公司通过投资 1.25 亿美元帮助实现了规模更大的价值 16.5 亿美元的项目。在“一带一路”的第一个火电项目——价值 20 亿美元的巴基斯坦项目中，49% 的股本来自一家卡塔尔投资机构。该项目公司的股权融资包括中国进出口银行的 15.6 亿美元，由于中信保的承保，因而极具吸引力。

从全球区域看，英国、德国等欧洲国家的 PPP 市场最为发达，规模和管理水平都位居前列，尤其是在基础设施建设领域，包括公路、铁路、桥梁、地铁、轻轨系统、机场设施、电厂等方面都取得了丰富的成果。

从全球的发展情况来看，依据世界银行的统计，PPP 模式主要使用在能源、电力、交通以及水处理等行业。

从总量上看，依据全球 PPP 研究机构 PWF 的统计，从 1985~2011 年，全球基础设施 PPP 名义价值为 7751 亿美元，其中欧洲大约占 45.6%，远超世界其他国家和地区，几乎占据全球的半壁江山。亚洲和澳大利亚占 24.2%，墨西哥、拉丁美洲和加勒比海地区三者合计占 11.4%，美国和加拿大分别占 8.8%、5.8%，非洲和中东地区占 4.1%。

金融加码支持“一带一路”

“一带一路”沿线大多是新兴经济体和发展中国家，总人口约 44 亿，经济总量约为 21 万亿美元，分别约占全球的 63% 和 29%。从经济发展情况来看，这些国家普遍处于经济发展的上升期。

据测算，未来10年间这些国家的基础设施投资需求将达8万亿美元或50万亿元人民币。为满足这一巨大的资金需求，必须拓宽多元融资渠道引入社会资本。

“兵马未动，粮草先行。”

“一带一路”构想横跨亚欧经济带，范围和空间如此广大，配套资金的来源及使用颇为关键。那么，钱从哪里来？金融怎样支持“一带一路”的建设？

资金成为“一带一路”战略的一大掣肘和难题。

分析认为，“一带一路”战略将获得国际多边组织以及我国专项基金的资金支持，包括亚洲基础设施投资银行、金砖国家开发银行、上合组织开发银行的建设以及“丝路基金”等，均为“一带一路”提供资金保障，推动“一带一路”建设。

从更深层次来讲，“一带一路”是新时期中国的顶层战略，广大发展中国家的经济以及中外企业都将可能从中受惠。预计未来10年，为了实施“一带一路”战略，中国将调动一万亿美元国家资金用于超过65个国家的基建项目。

而为了快速推进“一带一路”建设，中国正在积极解决融资缺口的新平台和新模式。

公开资料显示，目前的融资来源包括以下方面：

第一，亚洲基础设施投资银行，其资本规模为1000亿美元，其中中国出资400亿美元。

第二，丝路基金，首期规模为400亿美元，资金来源为外汇储备、中国投资公司、中国进出口银行、国开金融，资本比例为65%、15%、15%、5%。

第三，金砖银行，资本金规模为1000亿美元。

第四，上合组织开发银行。

中国将向南亚、上合组织、非洲分别提供200亿美元、50亿美元、300亿美元的信贷配套支持。此外，区域性和国际性组织也为“一带一路”的基础设施建设提供部分资金。上述各种融资渠道目前能向“一带一路”跨境基础设施提供的融资规模为3500亿美元左右。

笔者梳理发现——

自 2013 年 10 月中国国家领导人提出筹建亚洲基础设施投资银行的倡议以来，得到许多国家的积极响应并不断取得重大进展。

2014 年 10 月，首批域内 22 个意向创始成员国在北京签署《筹建亚洲基础设施投资银行备忘录》，到 2015 年 3 月 31 日，亚投行意向创始成员国总数增至 57 国，涵盖亚洲、大洋洲、欧洲、非洲、拉美等五大洲，其中包括英、德、法等发达国家。

2016 年 1 月 16 日，习近平总书记在亚投行开业仪式上表示，中国作为亚投行的倡议方，将坚定不移支持银行发展，除按期缴纳股本金以外，亦将向银行即将设立的项目准备特别基金，出资 5000 万美元，用于支持欠发达成员国开展基建项目准备。

此前，财政部相关负责人表示，在亚洲基础设施投资银行机制下，今后还将推动建立一个信托基金，通过推进一些 PPP 项目，实现社会资本的参与，通过改革让社会资本进入公共服务基础设施建设和运营。

2014 年，作为配套“一带一路”建设的专项基金，我国政府正式宣布出资 400 亿美元成立“丝路基金”，为“一带一路”沿线国基础设施建设、资源开发、产业合作等有关项目提供投融资支持。400 亿美元“丝路基金”是国家发起的主权财富基金，鉴于投向的是回报周期比较长的基础设施，所以，参与的投资者主要还是其他国家的政府基金，也可能会有一些民间资本。目前，不少社会资本也准备通过多种方式与丝路基金共同参与“一带一路”建设。

据了解，国家开发银行也是上述过程的主力。

当前，国开行和进出口行等政策性金融机构已储备了近八千亿美元的项目资金。

数据显示，截至 2014 年底，国开行在“一带一路”64 个沿线国家签订了 1373 亿美元融资协议，支持项目超过 400 个，涉及能源、矿产、交通基础设施、产业园区、装备制造、农业等领域，贷款余额约占全行国际业务总额的 1/3。

媒体报道称，一家名为“海上丝绸之路投资基金管理中心”正在筹建“海上丝绸之路银行”，计划私募 1000 亿元人民币投向海上丝绸之路沿线沿岸国家、地区、城市和企业相关项目。

业内人士表示，随着“一带一路”建设的开展，未来类似“海上丝绸之路银行”的民营银行还会出现。

此外，银监会批复了数家试点民营银行的筹建工作，给参与海上丝绸之路商业项目的民间资本很大信心。

基础设施项目资金需求巨大，单一的投融资模式往往难以满足项目建设的需要，探索新的融资模式成为必然。

据悉，福州市政府、国开行福建分行、中非发展基金携手合作，推动设立预计总规模为100亿元人民币的基金，通过市场化运作，积极参与“21世纪海上丝绸之路”建设，支持福州市作为中国古代“海上丝绸之路”的重要发祥地，打造国家“一带一路”战略枢纽城市。

“一带一路”的国家战略项目以及亚洲基础设施投资银行和丝路基金的成立，将会促进“一带一路”沿途国家及地区在未来最少5到10年的大型基建项目的投资。

2014年5月，福州市政府、国开行福州分行、中非发展基金合作成立了“海上丝绸之路基金”，预计总规模为100亿元，希望能通过基金的市场化运作，参与“21世纪海上丝绸之路”建设。在国际投贷基金方面，继上海、云南之后，广西也有动作，酝酿推出200亿元的人民币国际投贷基金，支持广西企业在在东盟地区境外直接投资和贷款。

多位专家指出，实施“一带一路”战略是券商、保险、银行等金融机构“走出去”的好时机，应进一步提升金融业的跨境金融服务能力，形成金融支持合力，护航“一带一路”战略的落地。

用PPP模式破解智慧城市建设的资金之困

所谓智慧城市，就是运用信息和通信技术手段感测、分析、整合城市运行核心系统的各项关键信息，从而对包括民生、环保、公共安全、城市服务、工商业活动在内的各种需求做出智能响应。其实质是利用先进的信息技术，实现城市智慧式管理和运行，进而为城市中的人创造更美好的生活，促进城市的和谐、可持续成长。

为解决城市发展难题，实现城市可持续发展，建设智慧城市已成为当今世界城市发展不可逆转的历史潮流。因此，“智慧城市”这一概念一经提出便成为全球追捧的热点。我国也不例外，近年来，我国也兴起了以智慧城市理念为核心的新一代城市信息化建设高潮。

2012 年，我国相继出台了《关于开展国家智慧城市试点工作的通知》、《国家智慧城市试点暂行管理办法》、《国家智慧城市（区、镇）试点指标体系（试行）》等一系列政策，开始在国内大力推广智慧城市试点。此后又相继出台了《关于促进智慧城市健康发展的指导意见》等一系列指导性意见，对于智慧城市建设给予了大量政策支持。

李克强总理多次在重要场合提及智慧城市，并在 2015 年《政府工作报告》中强调要“提升城镇化建设，发展智慧城市”，凸显出国家对于智慧城市建设的高度重视。

笔者认为，智慧城市建设在我国的提出有着深刻的历史背景和现实语境：改革开放三十多年以来，我国城镇化建设取得了举世瞩目的成就，城市人口不断膨胀。与世界其他发展国家走过的路一样，“城市病”成为困扰我国各个城市建设与管理的首要难题。比如，环境污染、交通拥堵、资源短缺、安全隐患等问题日益突出。

为了破解“城市病”的困局，“智慧城市”应运而生。在政府、学者、智库、社会资本以及金融机构等各方的追捧下，建设“智慧城市”被视为解决我国各种“城市病”的有效方式。

智慧城市的应用体系主要有：智慧公共服务、智慧社会管理体系、智慧交通体系、智慧健康保障体系、智慧安居服务体系、智慧文化服务体系等。

例如智慧交通。专家表示，通过建设“数字交通”工程，通过监控、监测、交通流量分布优化等技术，完善公安、城管、公路等监控体系和信息网络系统，建立以交通诱导、应急指挥、智能出行、出租车和公交车管理等系统为重点的、统一的智能化城市交通综合管理和服务系统建设，实现交通信息的充分共享、公路交通状况的实时监控及动态管理，全面提升监控力度和智能化管理水平，确保交通运输安全、畅通。

以笔者操作的一起智能充电桩为例。这是一起为智能立体停车库而配套的项目，具有“互联网+”基因，为电动车主提供便捷充电服务，也是国内为数不多的能够通过软件APP实现一站式充电服务。

具体来说，项目通过手机APP一站式解决所有充电相关问题的软件管理系统，通过手机APP聚电桩，车主可以轻松实现充电桩的监控、查找、预约、充电、断电、付费结算及申请安装和服务求助等服务及即时沟通功能，且兼容微信、支付宝、银联和各个电力运营商的电力卡等多种手机支付方式。借助强大的移动互联网技术改造，重新定义了充电桩这个传统的电力产品，使其成为一个能够实现与人、手机及其他充电桩和移动服务终端互动的智能硬件。

住房和城乡建设部办公厅和科学技术部办公厅在2015年4月7日联合发布了《关于公布国家智慧城市2014年度试点名单的通知》，确定84个城市（区、县、镇）为国家智慧城市2014年度新增试点。加上前两批公布的193个城市，我国的智慧城市试点已接近三百个，覆盖了32个省、自治区和直辖市。

智慧城市的建设作用明显：将极大地带动包括物联网、云计算、三网融合、下一代互联网以及新一代信息技术在内的战略性新兴产业的发展，同时对医疗、交通、物流、金融、通信、教育、能源、环保等领域的发展也具有明显的带动作用，对我国扩大内需、调整结构、转变经济发展方式的促进作用同样显而易见。

虽然智慧城市具有诸多优势，但智慧城市从提出以来就一直存在几大难点：一是建设模式，二是资金投入，三是运营方式。

智慧城市建设是一项复杂的系统工程，所需资金巨大，涉及政府、广大市民、社会资本等多元主体，涵盖投融资、建设、运营、监管等过程。但在我国经济增速放缓的大背景下，地方政府已无法独立进行智慧城市的建设、运营、维护等全过程。

业内普遍认为，阻碍智慧城市建设推动的巨大障碍之一便是资金不足。

专业人士介绍，一个试点的智慧城市，预计三到五年的预算需要 30 亿元到 50 亿元。有媒体报道，两批 193 个国家智慧城市试点共涉及重点项目近 2600 个，资金需求总额超过万亿元。

而据 IDC 以及前瞻产业研究院发布的《2015—2020 年中国智慧城市建设发展前景与投资预测分析报告》等多家专业机构预测，未来 10 年，中国智慧城市建设相关投资有望达到两万亿元。

虽然智慧城市有国家提供的专项资金支持，但国家层面的资金支持对于建设智慧城市来说毕竟是杯水车薪。

再深入研究过去我国智慧城市建设的融资模式，主要是财政拨款、国有商业银行贷款等。2013 年，全国基建融资总额为 1.5 万亿元，其中财政拨款 3700 亿元、银行贷款 4200 亿元。在 2014 年 10 月国务院发布《国务院关于加强地方政府性债务管理的意见》（简称“43 号文”）后，明确指出首要目标为治理政府性债务。“43 号文”对地方债务开启了严监管模式，使地方政府融资能力大幅受限。因此，传统的依托财政及银行贷款的单一融资结构，已经不能适应我国的智慧城市建设。

探索 PPP 模式，引入社会资本承担设计、建设、运营、维护基础设施的大部分工作，通过使用者付费和必要的政府付费获得投资回报，成为新时期智慧城市建设的必然选择。

PPP 模式被寄予厚望。2014 年 9 月，财政部发布《关于推广运用政府和社会资本合作模式有关问题的通知》指出，要尽快形成有利于政府和社会资本合作模式（PPP）发展的制度体系。由于 PPP 模式优势明显，很快成为地方政府筹建智慧城市的选择。部分地方政府采用 PPP 模式，在一定程度上使上述问题得到了有效的解决。因此，不少地方政府也正考虑通过 PPP 模式来解决智慧城市建设的资金饥渴。

以 PPP 模式撬动社会资本，以市场化、专业化机制推动智慧城市建设，成为国内不少地方政府的共识。

以地铁为例。世界上第一条地铁诞生至今已过去一个半世纪。然而，包括美国、英国、德国等发达国家在内，世界上绝大多数国家的地铁公司都是亏损运营。发达国家建设地铁的时间较早，地铁定位于城市公共设施，实行低票价政策，存在普遍的行业性亏损。

作为“世界上唯一盈利的地铁公司”，香港地铁公司则是多国学习和研究的榜样。

香港港铁借鉴PPP模式，从1992年开始，香港地铁即开始盈利。这得益于香港港铁创造的独特模式——“轨道交通＋物业”模式，其核心在于城市轨道交通建设的同时，由于地铁提供出行方便并提升地价，提升后土地价值的一部分通过物业开发回收，以补贴地铁建设资金缺口。这种模式的好处在于：政府不需补贴，乘坐交通工具的消费者可承担票价，轨道跟社区、出行、购物、上班等打包在一起，智慧模式让城市实现智慧，而运营商实现可持续发展。

百度、腾讯、阿里、神州数码、长虹、中兴、华为等行业巨头也纷纷介入“智慧城市”的布局。互联网巨头的资本实力以及在云计算、大数据等技术的优势，将极大地促使智慧城市发展，进而给产业链相关公司带来机会。

如阿里、腾讯争做智慧城市运营商。截至2015年5月，阿里系的“互联网+城市服务”战略首批已经在12个城市落地，其当年目标是覆盖50个城市。

作为最早切入城市服务的BAT巨头，腾讯一开始就通过微信“城市服务”入口，把原来分散在各个政务微信公号里的公共服务聚合到了同一个服务平台。截至2015年9月中旬，腾讯已经与国内10个省级行政区、29个城市签署了“互联网+”合作协议。

PPP融资模式支持海绵城市建设

海绵城市被划入未来城市建设的重点之一。

在2013年底召开的中央城镇化工作会议上，习近平总书记提出要大力建设自然积存、自然渗透、自然净化的“海绵城市”理念。

所谓“海绵城市”，是指城市能够像海绵一样，在适应环境变化和应对自然灾害等方面具有良好的“弹性”，丰水期吸水、蓄水、渗水、净水，枯水期将蓄存的水“缓释”并加以利用。具体来说，建设海绵城市，就是充分发挥城市绿地、河湖水系等对雨水的吸纳、蓄渗和缓释作用，综合采用渗、滞、蓄、净、用、排等技术措施，建设“自然积存、自然渗透、自然净化”的城市“海绵体”。

住建部在 2014 年发布的《海绵城市建设技术指南》（建城函 [2014]275 号，“海绵城市指南”）中将“海绵城市”描述为“城市能够像海绵一样，在适应环境变化和应对自然灾害等方面具有良好的‘弹性’，下雨时吸水、蓄水、渗水、净水，需要时将蓄存得水‘释放’并加以利用”。

《国务院办公厅关于推进海绵城市建设的指导意见》（国办发 [2015]75 号）提出“海绵城市是指通过加强城市规划建设管理，充分发挥建筑、道路和绿地、水系等生态系统对雨水的吸纳、蓄渗和缓释作用，有效控制雨水径流，实现自然积存、自然渗透、自然净化的城市发展方式”。

2015 年 10 月 11 日，国务院办公厅印发《关于推进海绵城市建设的指导意见》（以下简称《指导意见》），《指导意见》指出，建设海绵城市，统筹发挥自然生态功能和人工干预功能，有效控制雨水径流，实现自然积存、自然渗透、自然净化的城市发展方式，有利于修复城市水生态、涵养水资源，增强城市防涝能力，扩大公共产品有效投资，提高新型城镇化质量，促进人与自然和谐发展。

此外，《指导意见》明确指出，通过海绵城市建设可最大限度地减少城市开发建设对生态环境的影响，将 70% 的降雨就地消纳和利用。到 2020 年，城市建成区 20% 以上的面积达到目标要求；到 2030 年，城市建成区 80% 以上的面积达到目标要求。

住建部统计数据显示，我国海绵城市建设投资约为每平方公里 1 亿元 ~ 1.5 亿元，“海绵城市”建设市场空间巨大。

笔者注意到，自 2014 年以来，国家关于推进海绵城市建设的文件不断推出。

2014 年底，国家财政部下发了《关于开展中央财政支持海绵城市建设试点工作的通知》，中央财政将对“海绵城市”建设试点分档给予专项资金补助，一定三年，直辖市每年 6 亿元，省会城市每年 5 亿元，其他城市每年

4 亿元；对采用 PPP 模式达到一定比例的，将按上述补助基数奖励 10%。

根据《城市管网专项资金管理暂行办法》（财建 [2015]201 号）的有关规定，国家将设立城市管网专项资金，通过中央财政预算安排，用于海绵城市试点示范类事项，并对按规定采用政府和社会资本合作（PPP）模式的项目，采用奖励、补助等方式予以倾斜支持。

然而，在建设海绵城市过程中，中央财政补助力度有限，面临着巨大资金缺口。所以，无论从国家政策方面还是从减轻财政压力方面，运用 PPP 模式建设海绵城市是具有必要性的。

在数以万亿计的投资规模面前，在中央财政补助力度有限的情况下，PPP 模式被鼓励运用及大力推广。

用 PPP 模式撬动巨大资本，同时，PPP 模式也给社会资本提供了新的机遇和舞台。

2015 年 10 月 9 日，住建部相关负责人表示，将采取 PPP 模式、政府购买服务、特许经营等方式，吸引社会资本参与海绵城市投资建设和运营管理。

目前，国内海绵城市建设主要采取 PPP 模式。资料显示，国内目前有一百三十多个城市制定了海绵城市建设方案。各地纷纷掀起建设海绵城市的高潮。

2015 年 4 月份财政部、住房和城乡建设部、水利部公布首批 16 个城市的国家级海绵城市建设试点目录，各地纷纷启动项目。

江苏省计划到 2017 年，13 个省辖市都将建成 处有 定规模的综合性海绵城市示范区。到 2020 年，各市 20% 以上建成区将成为海绵城市，2030 年，“海绵”比例扩大到 80% 的建成区。

江西省提出在全省开展海绵城市建设工作，构建城市低影响开发雨水系统。对于海绵城市建设的巨大资金缺口，江西省住建厅鼓励各地运用 PPP 模式“找钱”。

2015 年 3 月 17 日，广西南宁“海绵城市”试点项目——竹排江上游植物园段（那考河）PPP 项目采购工作正式完成，标志着广西首个采用 PPP 模式建设项目正式落地。据介绍，该项目是由南宁市政府按照竞争性磋商方式进行采购，北京城市排水集团有限责任公司中标。

那考河流域治理项目范围全长约 6.6 公里，总投资约 10.0 亿元（含征地拆迁费用），建设内容包括河道整治、截污治理、生态修复、污水处理厂、沿岸景观、海绵城市、信息化管理等工程，项目引入流域治理和“海绵城市”建设理念。

笔者注意到，对于如何推进海绵城市建设，上述《指导意见》明确指出应创新建设运营机制。鼓励社会资本参与海绵城市投资建设和运营管理，鼓励技术企业与金融资本结合，采用总承包方式承接相关建设项目，发挥整体效益。

而在融资方面，则要求“完善融资支持”。鼓励相关金融机构加大信贷支持力度，将海绵城市建设项目列入专项建设基金支持范围，支持符合条件的企业发行债券等。

为贯彻落实上述《指导意见》，2015 年 12 月 10 日，住建部、国家开发银行下发《关于推进开发性金融支持海绵城市建设的通知》（以下简称《通知》），《通知》指出，建设海绵城市是国务院近期启动的一项重大民生工程，是推进生态文明建设和新型城镇化发展的重要举措，是今后一个时期我国城市建设的重点工作。大力推广政府和社会资本合作（PPP）模式，鼓励具备综合业务能力的企业采取总承包方式，将海绵城市建设项目整体打包运作。

海绵城市建设任务艰巨，资金需求量大，迫切需要综合运用财政和金融政策，引导银行业金融机构加大对海绵城市建设的支持。国家开发银行作为开发性金融机构，要充分发挥在重点领域、薄弱环节、关键时期对重大建设项目的金融支持作用，把海绵城市建设作为信贷支持的重点领域，更好地服务国家经济社会发展战略。

《通知》指出，加大对海绵城市建设项目的信贷支持力度，具体内容如下：

做好融资规划。国家开发银行各分行要根据海绵城市建设项目滚动规划，积极协助当地住房城乡建设等部门做好项目融资安排。

创新融资模式。加大对具备综合业务能力、以总承包方式整体打包运作海绵城市建设项目企业的信贷支持，打造大型专业化建设运营主体；在风险可控、商业可持续的前提下，积极开展以购买服务协议预期收益等为担保的贷款业务；对符合条件的海绵城市建设项目实施主体提供专项建设基金，用于补充项目资本金不足部分。

加强信贷支持。国家开发银行各分行要会同各地住房城乡建设部门，合理确定拟纳入海绵城市建设项目储备库项目的投资建设主体、融资方案等，共同做好入库项目的前期准备工作。优先支持与棚户区改造、危房改造、老旧小区有机更新相结合的海绵城市建设项目。对纳入海绵城市建设项目储备库并采用 PPP 模式整体打包运作的项目，在符合贷款条件的情况下给予贷款规模倾斜，优先提供中长期信贷支持。

开展综合营销。积极发挥投资、贷款、债券、租赁、证券的协同支持作用，为海绵城市建设提供综合金融服务，努力拓宽海绵城市建设的融资渠道。同时，积极协助海绵城市项目实施主体发行可续期项目收益债券和项目收益票据，并为项目实施提供财务顾问服务。

2016 年 1 月 7 日，据住建部网站消息，继与国家开发银行携手推进开发性金融支持海绵城市建设之后，住建部再与中国农业发展银行联手，加大政策性金融机构对海绵城市建设的支持力度。双方联合下发的通知要求，地方各级住房城乡建设部门要把农发行作为重点合作银行，加强合作，最大限度发挥政策性金融的支持作用，切实提高信贷资金对海绵城市建设的支撑保障能力。

分析认为，国家开发银行和农业发展银行等政策性金融机构着力为海绵城市提供金融服务，能从项目资本金、信贷年限和额度等多角度解决实际存在的资金掣肘。降低了社会资本投 PPP 项目成本和融资难度，有助于吸引更多社会资本进入海绵城市领域。

PPP 模式：供给侧改革的重要内容

当下有关供给侧改革的讨论非常火热。

我国“十三五”规划强调扩大总需求的同时，增大供给侧改革。所谓“供给侧改革”，就是从供给、生产端入手，通过解放生产力、提升竞争力促进经济发展。具体而言，就是要求清理“僵尸”企业，淘汰落后产能，将发展方向锁定新兴领域、创新领域，创造新的经济增长点。

中央指出，供给侧改革要在适度扩大总需求的同时，着力加强供给侧结构性改革，着力提高供给体系质量和效率，其核心在于提高全要素生产率。在政策手段上，包括简政放权、放松管制、金融改革、国企改革、土地改革、提高创新能力等。

长期以来，我国经济增长主要是靠“三驾马车”。然而，在投资、出口、消费这三者中，投资和出口占的比例太大，消费占比太小。重要的原因是供给跟不上需求以及供需不匹配。从经济学角度看，投资、出口、消费属于“需求侧”的三大需求，与之对应的是“供给侧”，也就是生产要素的供给和有效利用。供给侧改革是一种寻求经济新增长新动力的新思路，主要强调通过提高社会供给来促进经济增长。

从“三驾马车”到“供给侧改革”，显示中国经济正在发生演变：消费在国民经济所占比重越来越大，对供给侧的要求越来越高。进一步讲，供给侧改革的效果直接关系到中国经济的转型。

那么，“供给侧改革”的重点领域是什么？

2015 年 10 月，中央财办主任、国家发改委副主任刘鹤在广东考察时表示，要大力推进市场取向的改革，更加重视“供给侧”调整，加快淘汰“僵尸”企业，有效化解过剩产能，提升产业核心竞争力，不断提高全要素生产率。要把增强企业活力放在突出位置，坚持基本经济制度，引导好社会心理预期，重视产权保护和知识产权保护，完善商业法制，切实发挥企业家重要作用，着力营造扶商、安商、惠商的良好市场环境。这预示着，在产业层面，淘汰“僵尸”企业，化解过剩产能，激发企业活力，将是“供给侧改革”的重点领域。

2015 年 12 月，中央经济工作会议强调：“推进供给侧结构性改革，是适应和引领经济发展新常态的重大创新，是适应国际金融危机发生后综合国力竞争新形势的主动选择，是适应我国经济发展新常态的必然要求。”习近平总书记则用“加减乘除”四则运算通俗易懂地布局了供给侧改革这一新举措。

媒体分析指出：供给侧改革的“加法”是指补齐短板，扩大要素供给，发展新兴产业，提高经济增长质量与效益。培育经济增长新动力，拓展经济发展新空间，增加人口供给，提升全员素质和创新能力，增加公共产品供给，加强政策制度协调性，为经济增长提供支撑。供给侧结构性改革要的“减法”主要是指，政府简政放权、企业清除过剩产能、社会为企业降低成本，给企业松绑，给企业减负，激发微观经济活力。供给侧结构性改革的“乘法”是指以创新发展理念，挖掘经济发展新动力，开拓新空间，创造新产业，培育经济增长的“乘数因子”，以新产业的“几何式增长”推动经济发展。供给侧结构性改革的“除法”主要是指清除产能过剩、清除经济发展路上的“拦路虎”，为中国经济战车顺利前行扫清障碍。

那么，在“供给侧改革”的语境下，PPP模式又会产生怎么样的作用呢？换句话说，以增加公共产品为重要导向的PPP模式又会为我国“供给侧改革”产生怎样的重要影响呢？

先看看国家重点推广PPP模式的大背景和背后蕴涵的深层意义。

近些年来，在大投资拉动GDP增长的大背景下，部分地方政府的投资项目不注重经济效益和社会效益，项目建设成后运营效率低下，最后成为地方财政的大包袱，这一点在市政供水、污水等项目上体现得尤为明显。而在我国经济增长放缓的大背景下，社会资本参与基础设施和公共项目建设，最直接的作用便是减轻政府财政负担。

不仅如此，PPP模式对加快转变政府职能，实现政企分开，减少政府对微观事务的直接参与具有积极的作用。进一步说，PPP模式有助于解决政府职能错位、越位和缺位的问题，推进国家治理体系和治理能力现代化。明确地说，PPP的特殊功能主要有两个：一是解决政府资金不足的问题，二是解决推进国家治理体系和治理能力现代化的问题。正如财政部部长楼继伟所言，推广使用PPP模式，不仅是一次微观层面的“操作方式升级”，更是一次宏观层面的“体制机制变革”。

笔者分析认为，PPP模式具有其特殊的要义，是“供给侧改革”的重要内容：

第一，我国经济发展进入新常态，政府债务居高不下，以基础设施和公用事业为主要业务方向的 PPP 模式将充分发挥社会资本的资金优势和管理优势，扩大要素供给，增加公共产品供给，发展新兴产业。

“扩大要素供给，增加公共产品供给，发展新兴产业”与供给侧改革提升创新能力、增加公共产品供给具有相同要义。

第二，PPP 模式已经被提升到国家治理现代化、市场发挥决定性作用、快速转变政府职能、建立现代财政制度和推进城镇化健康发展等机制变革的高度。

就 PPP 模式而言，PPP 模式降低政府成本，提升公共效率，提高公共服务质量，真正切实地提高公共服务质量，提升国家治理现代化。鉴于此，供给侧改革与 PPP 模式有着共同的特点和目的。

2015 年 5 月 22 日，国务院办公厅转发财政部、国家发改委、央行《关于在公共服务领域推广政府和社会资本合作模式的指导意见》(“42 号文”)，指出在公共服务领域推广政府和社会资本合作模式，是转变政府职能、激发市场活力、打造经济新增长点的重要改革举措。“42 号文”同时指出了实施 PPP 的重大意义之一便是有利于加快转变政府职能，实现政企分开、政事分开。这与“供给侧改革”中政府简政放权、激发微观经济活力亦具有相似要义。

第三，在 PPP 模式下，社会资本积极进入基础设施和公共事业，在环保、能源、交通、医疗、养老等领域投资巨大，产生了大量新兴行业。而“供给侧改革”的内容有挖掘经济发展新动力，开拓新空间，创造新产业，培育经济增长的“乘数因子”，以新产业的“几何式增长”推动经济发展，这些特点和内涵与 PPP 模式不谋而合。

2015 年 9 月 29 日，财政部公布了第二批 PPP 示范项目名单，此番公布的项目共计有 206 个，总投资金额 6588 亿元，项目总量为 2014 年 11 月 30 日财政部所公布的第一批 PPP 示范项目的七倍，投资额总数是第一批示范项目的四倍。

与此同时，国家发改委与各地发改委从 2015 年中陆续发布的推介 PPP 项目，全国范围内的 PPP 推介项目总投资金额已达到近 3.8 万亿元。

财政部副部长史耀斌介绍，在财政部和有关部门的大力推动下，各个方面对 PPP 模式的理念认识正在逐步地改变，各级的政府已经开始从公共服务管理者、提供者转向为监督者、合作者。从长远看，推动PPP持续健康的发展关键要营造良好的环境，增强社会资本的安全感和可信度。

史耀斌认为，为了落实创新驱动发展战略，推广PPP模式的潜力是非常巨大的。“十三五”规划建议强调，在适当扩大总需求的同时，要加强供给侧的改革，推广PPP模式就是公共服务、供给机制的配合，涉及的范围广，受众的人群多，很多的项目关系到重大的国计民生，是供给侧结构性改革的重要内容，具有重大的意义和历史意义。财政部将会同有关方面积极地践行供给侧结构性改革的要求，来全面落实创新，全面创新发展战略，来推动我们国家经济的持续发展。

图书在版编目（CIP）数据

金融创新加速推进 PPP / 陈青松，周子琰著. -- 北京：企业管理出版社，2016.8

ISBN 978-7-5164-1297-8

Ⅰ. ①金… Ⅱ. ①陈… ②周… Ⅲ. ①政府投资—合作—社会资本—研究 Ⅳ. ① F830.59 ② F014.39

中国版本图书馆 CIP 数据核字 (2016) 第 146166 号

书　　名：金融创新加速推进PPP

作　　者：陈青松　周子琰

责任编辑：宋可力

书　　号：ISBN 978-7-5164-1297-8

出版发行：企业管理出版社

地　　址：北京市海淀区紫竹院南路17号　**邮编**：100048

网　　址：http://www.emph.cn

电　　话：编辑部（010）68416775　发行部（010）68701816

总编室（010）68701719

电子信箱：qygl002@sina.com

印　　刷：中煤（北京）印务有限公司

经　　销：新华书店

规　　格：710mm × 1000mm　1/16　15印张　236 千字

版　　次：2016年8月第1版　2016年8月第1次印刷

定　　价：58.80元